【文庫クセジュ】

カンギレム

生を問う哲学者の全貌

ドミニック・ルクール著
沢崎壮宏/竹中利彦/三宅岳史訳

Que sais-je?

白水社

Dominique Lecourt, *Georges Canguilhem*
(Collection QUE SAIS-JE? N°3722)

目次

緒　言

「哲学の値打ち、それは、思考を思考そのものへと送り返してくれること」(1)

ポール・ヴァレリー

ミシェル・フーコー（一九二六〜八四年）が、アメリカの大衆に宛ててジョルジュ・カンギレムの作品の重要さを喚起したのは、カンギレムの大著『正常と病理』（一九四三年）の英訳に際してのことだった。(2)すでにかなり衰弱していたフーコーが病身を押してまで、簡単ながらも、その解説原稿に手直しを加えようとしたのは、それが、『形而上学・道徳雑誌』の「カンギレム特集号」——フーコーはカンギレムを自分の師と公言してはばからなかった——に掲載されるものだったからである。(3)というわけで、『狂気の歴史』(4)の著者〔フーコー〕がカンギレムのうちに一九六〇年代——「この奇妙な一九六〇年代」——の鍵を握る思想家を見ていたとは、よく指摘される話である。実際、フーコーはそのことをカンギレム流の「思考実験」で例証している。(5)「カンギレムを取り除いてみよ。すると、フランスのマルクス主義者の一連の議論にほとんどついていけなくなるだろう。また、ピエール・ブルデュー、ロベール・カステル、ジャン＝クロード・パスロンのような社会学者たちを強く特徴づけているもの、彼らを社会学の分野で目立たせているもの、それが何なのかもわからなくなるであろう。(6)さらに、精神分析学者たち、とくにラカン派の理論的業績がわけのわからないものになってしまうだろう。(7)それだけではない。五月革命（一九六八年）の前後に巻き起こった思想闘争のどこにでも、カンギレムに影響された人びと——

影響の度合いは深かったり、浅かったり――の居場所は簡単に見つかるのである」

（1）巻末参考文献【1】。
（2）参考文献【2】。
（3）参考文献【3】、七六三頁、五六と四五六頁も参照のこと。
（4）参考文献【4】。
（5）カンギレムはマンデル（一八二二～八四年）について似たような思考実験をしている。もっとも、仮定する方向は反対だったけれども。「一八六五年の時点で、マンデルの業績が自然学者［博物学者］たちの世界で評価されていたなら、一体、どうなっていただろうか。実際には、四半世紀ものあいだ、彼の業績はまるで存在しないかのように忘れ去られていたわけだが」
（6）ブルデュー、シャンボルドン、パスロンの共著『社会学者という職業』（参考文献【5】）――何年にもわたって社会学の教科書として君臨していた――は、その冒頭からしてカンギレムを引用している。
（7）ラガシュと同期生だったカンギレムは、その生涯にわたって精神分析学界と緊密に係わった。一九三〇年代以降、フロイトを知るに至り――フロイトからの手紙は何よりの宝物であった――、機会を見ては引用した。『分析ノート』を創刊したラカン派の人びとが、カンギレムからの引用を自分たちの雑誌の刻銘にしているほどである。

だが、このような事態を指してフーコーが「パラドクス」と言っていることまではあまり指摘されない。「厳格で、大風呂敷を広げず、科学史の特定の一分野に敢えて甘んじようとする――科学史そのものが、そもそも、人目を引くような学問ではない――作品を著わす著者が、よりにもよって、巻き込まれないよう警戒していた種々の論争に何らかの形で顔を出している」というのだから。

このパラドクスに光を当て、解決に導くべく、フーコーは続く頁で、大雑把ながら、現代フランス哲学の系統図を――フーコー自身のテーゼに基づき、自身の言葉で――書いている。「一方にサルトルやメルロ＝ポンティの系譜があり、他方にカヴァイエス、バシュラール、コイレ、カンギレムの系譜がある」[1]。言葉を変えて、一方に「経験、感覚、主体の哲学」があり、他方に「知、合理性、概念の哲学」

がある、という言い方もしている。

（1）前出参考文献【3】、七六四頁。

これで、パラドクスが解決されたというのだろうか。そもそも、このようなパラドクスが発生することになったのは、フーコーがアメリカにいる自分の読者に気を遣って、カンギレムを一種のデウス・エクス・マキナ〔いきなり現われて混乱した状況に都合のよい解決を下してくれる機械仕掛けの神〕――一九六〇年代の思想を謎解きしてくれる――に仕立てあげたせいではないだろうか。上のような歴史を俯瞰する観点に加え、当時のフーコーは論争にうんざりしていて、戦略上、「慎重」な構えを見せることにしていたのだ、という伝記的注釈を書き足してみたところで、パラドクスに光が当たるどころか、ますます謎めいて見えるだけのことだろう。

　次のように書き留めているところを見ると、フーコーもそのことはわかっていたのである。研究対象として生命科学と医学にこだわったからこそ、「カンギレムが成し遂げたことは比較的マイナーだった分野に再評価をもたらした以上のことなのである。カンギレムは科学史の守備範囲を拡大したというだけではない。いくつかの本質的な点で、科学史そのものを改編したのである[1]」。

（1）前出参考文献【3】、七六九頁。

　この改編のモチーフは深遠なもの――「生命のなかで概念を思考する」――だったので、「誤謬の哲学者」として、カンギレムは自分の帰属していた「合理主義」という伝統的な領域を飛び出さざるをえなかった。フーコーの結論は次の言葉――その意味はまだこれから汲み取られなければならない――で言い表わされている。「われわれはここで、おそらくは哲学史上画期的であろう大事件に出くわしているのだ。〔……〕」。科学が宇宙の真理に開かれているのではなく、生命の誤謬に根差しているのだとしたら、今後、主体の理論は全面的に作り直されなければならないのではないだろうか」

さて、このような大袈裟な褒め言葉はカンギレムには似合わないし、何よりも、フーコーが迫ってくる二者択一にカンギレムが乗ったのだろうとは考えられない。なるほど、フーコーの言葉を借りれば、科学は生命の誤謬に根差してはいるが、同時に、宇宙の真理に開かれてもいるのである。

だからこそ、カンギレムの思想——散逸してしまって、こんにち、再発見が待たれるテクストによれば、一九三〇年代の初頭に形を成した——というものは、科学史家の思想にも、医学ないし生命科学に従事する哲学者の思想にも、還元されないものなのである。いわんや、一九六〇年代の「記念碑」と見なすことのできるようなものなどではない。

判断と価値に焦点を当てて「内省的な分析」に耽る哲学的な伝統——ジュール・ラニョー（一八五一～九四年）、アラン（一八六八～一九五一年）——と、バシュラール以来の科学認識論《エピステモロジー》の伝統とのあいだで生々しく緊張を保つことができたこと、そして、アンリ・ベルクソン（一八五九～一九四一年）とは近しいだけに反発しあうような関係を築いていたこと、フリードリヒ・ニーチェ（一八四四～一九〇〇年）とも、別の意味で、同じような関係を築いていたこと、さらには、フロイトの教えを長期間絶え間なく省察しつづけたこと、以上のことを考えあわせるならば、カンギレムの思想がその彫琢されたテクストによって新しく切り拓いた途というのは、かの「一九六〇年代」——カンギレムが最初に世に知られた時期である——から四〇年も経ったこんにちといえども、いまだ開発しつくしたとは到底言えないようなものなのである。

医学や生物学が希望と同時に不安をも抱かせている昨今、「進歩という観念の頽廃[1]」というタイトルで、最後のテクストのひとつを記した人物であればこそ、必要なだけの注意力を払って苦労しつつ読み直される値打ちがあるというものである。カンギレムの読者なら、おそらくは、ある種の息の詰まるような道徳至上主義──倫理という名のもと、生物学を人質に取って、ときとして医者を預言者呼ばわりする──の勢いを増す攻撃に対抗するための論拠を見つけることができるだろう。少なくとも、本書からはそのような教えを引き出してほしいものである。

（1）参考文献【6】。

私は、万一、カンギレムが自身のテクストを取り上げるとしたら従うであろう、その仕方に倣ってテクストを扱ったつもりである。カンギレムが参照した著作なり、論文なり──膨大な数にのぼる──はすべて読んでみたつもりである。カンギレムからの引用は、公刊されたテクストからに限った。ただし、カンギレムの読んだであろうものすべて──大部分は今も入手困難──が念頭に置かれている。普通の大学人とは似ても似つかない生き方をした人であればこそ、簡単な伝記からこの本を始めないわけにはいかなかった。レイモン・アロン（一九〇五〜八三年）の言葉を借りれば、「レジスタンスの真のヒーロー」だったのである。その座右の銘は「立ったまま考える」[1]であった。

（1）この手の逸話も含め、カンギレムのテクスト全体の参照目録がすでに公刊されており、ほぼ網羅されている。参考文献【7】。

この本を締めくくるに当たって、「カンギレム先生との思い出を少しばかり」書き足してみた。その思い出の意義はそれまでの頁に書かれていることから汲み取っていただけることだろう。

第一章　妥協を知らない哲学者の反逆の青年時代

「いかなる美しいものも生とは切り離せない、そして生とはしだいに死んでいくものなのです」
ポール・ヴァレリー『ユウパリノス』（一九二三年）

ジョルジュ・カンギレムが生まれたのは一九〇四月六月四日、生地は、かの有名なカスレ〔ラングドック風シチュー〕――カスレを食わずんば、グルメにあらず、とカンギレムはいたずらっぽく語っていた――を生んだカステルノダリである。そもそも苗字からしてロワール河以北の者には発音しにくいのだが、南部生まれということで、旋律的だが、耳障りにも聞こえかねない訛りがあって、最後まで南西部のイントネーションを消そうとしなかった。

仕立屋の父はもともと農家の出だったが、母方も同じく農家であり、しかも、企業的経営の農家で作付面積は広大だった。母がアリエージュ県のオルギベで相続した農場が、一九一四年七月、戦時召集で人手不足に陥ると、ジョルジュも農作業を手伝わなければならなくなったが、それは後年、彼のお気に入りの思い出となった。一九二六年、『ジュネーヴ誌』の取材で、他の学生に混じって「ヨーロッパの大学生はどう考えるか」と問われ、「ジョルジュ・カンギレム、ラングドック出身、高等師範学校《エコール・ノルマル・シュペリウール》在学、哲学の教授資格《アグレガシオン》試験に向け準備中。残りの時間は田舎にて農作業に従事」と署名したほどである。数十年後、人間による動物の利用について論じるときも、場所はソルボンヌ大学だったのだが、牛や馬の繋ぎ方について微に入り細に入って力説し、黒板に丁寧に図まで描いてみせ、教授資格試験に向けて準備中の学生たちを唖然とさせた。

カンギレムの学歴は、一見したところ、第三共和政下の、地方出身で才能ある若者に見られる典型的なものである。成績優秀で卒業、とカステルノダリ中学校《コレージュ》の校長は記録している。その後、「パリにのぼり」、わずかな奨学金で高等師範学校（ユルム校）の入学試験に向け準備を開始した。そのため、一九二一年、アンリ四世高校《リセ》——ルイ・ル・グラン高校と並ぶ名門校——の準備学級《カーニュ》に入るわけだが[1]、このエリートクラスでは、一九〇九年以来、異色の人物が哲学を教えていた。その名声は教育界のみならず、文学界、政界にまで鳴り響いていた。アラン——一九〇〇年以降に使われたペンネーム——の名で有名なエミール・シャルティエである[2]。

（1）当時のエリート候補生の知的状況については、参考文献【8】を参照。
（2）アランに関する最新で、最も詳しい伝記は、参考文献【9】である。

アランの教えがカンギレムに与えた影響は甚大だった。政治的な立場の違いがどれほど深いものだったにせよ——一九三四〜三五年以来、二人は仲違いし、第二次世界大戦直後まで尾を引くほどの深刻な不和を招いた——、カンギレムはそれでも、一九五一年にアランが息を引き取るまで、人間アランに魅せられたままであった[1]。哲学者アランにも忠実だった。というのも、アランをモラリスト——悪意から貶めて描かれることが多い——の列に加えて、評判を落とそうとする者に対しては誰であれ、一九五二年に至ってもなお、反対の声を挙げつづけたのである。カンギレムは、「アランこそ本物の哲学者」であり、彼の仕事は——少なくとも四冊の著作で[2]——「哲学上の偉大な業績」として残るのだ、と反論した。

（1）前出参考文献【9】、四九七～四九八頁に採録されているミシェル・アレクサンドルの話を参照。
（2）『形而上学・道徳雑誌』（五七号、一九五二年、一七一～一八六頁）で反論しており、四つの著作とは、『ラニョーの思い出』（一九二五年）〔中村弘訳、筑摩書房、一九八〇年〕、『思想と年齢』（一九二七年）〔原亨吉訳、角川文庫、一九五五年〕、『諸芸術の体系』（一九二〇年）〔桑原武雄訳、岩波書店、一九七八年〕、『海辺の対話』（一九三一年）〔原亨吉訳、角川文庫、一九五三年〕のことである。

というわけで、アンリ四世高校在学以来、カンギレムはアランを崇拝する生徒だったのであり、アランにとってもお気に入りの弟子であった。一九二四年、高等師範学校に入学すると、同級生たちからアラン思想の継承者というレッテルを張られ、何はともあれ、反乱グループ「シャルティエ派」の中心人物となった。[1] カンギレムは、準備学級の同級生ともども、世界大戦という人的災厄にショックを受けていたのである。彼が入学試験に臨んだとき、高等師範学校はひどい人的損失からようやく立ち直ったばかりだった。[2] 一九〇四年以来、アランが反戦の立場を支持していたことは有名で、「一国民全体を憎むこと」を絶えず拒否し、「殺人マシーン」への嫌悪を表明し、ドレフュス事件以降は軍部への不信を隠そうともしなかった。だが、一九一四年八月に戦争が勃発すると、今度は、高齢を押して志願し、砲兵として前線に立ったのである。平和主義の教え——哲学的に議論された——は、アランが自分自身の体験から引き出してきたものであり、だからこそ、生徒には重く響くのであった。『マルス——裁かれた戦争』（一九二一年）〔加藤昇一郎／串田孫一訳、思索社、一九五〇年〕を読むことのできた一九二〇年代の生徒たちは、アランの学説に反軍国主義という具体的で人を行動に駆り立てる彩りを付け加えるようになった。そのうちの一人、しかも、その筆頭だったのがカンギレムである。彼は、神聖同盟などという馬鹿げた幻想に立ち向かう勇気を目の当たりにして、ロマン・ロラン（一八六六～一九四四年）、ジャン・ジョレス（一八五九～一九一四年）、シャルル・ペギー（一八七三～一九一四年）らにも同じくらい厚い尊敬の念を覚えたのである。

（1）一九二九年、アロン――アンリ四世高校ではなく、コンドルセ高校の生徒――が当時を振り返って、親しみのこもった皮肉を交えながら、この生徒グループについて書いている。「高等師範学校では、ある若者グループが怒りで心も体も震わせていた。堅い信念を持ち、聖人気取りで、アラン先生の教えをスポーツに、庶民向けの大学に、農作業に、政治行動に応用して粋がっていた。「アランの弟子たち」と呼ばれ、学校側や一部の生徒には恐れられたが、親しみを覚える生徒もいたし、敬意を抱く生徒さえいた」（参考文献【10】）。

（2）前出参考文献【8】、三一～四〇頁。

カンギレムは、一九二四年の入学試験を一六番で通過して高等師範学校に入ったが、同期（文科）には、レイモン・アロン、ダニエル・ラガシュ（一九〇三～七二年）、ポール・ニザン（一九〇五～四〇年）、ジャン＝ポール・サルトル（一九〇五～八〇年）らがいた。一九二七年三月以降、彼はアラン主宰の『自由語録』誌への寄稿を始め、ミシェル・アレクサンドル[1]（一八八八～一九五二年）――妻ジャンヌ[2]（一八九〇～一九八〇年）と協力して編集に奔走し、それだけでなく、アンリ四世高校の準備学級第一学年で教鞭を執ってもいた――の仕事を引き継ぐようになり、とうとう、一九三一年には自分で編集長を務めさえした。カンギレムは記事に本名で署名することもあれば、イニシャル（C・G）で署名することも、C・G・ベルナールという偽名で署名することもあった。たいていは政治を俎上に載せたが、同時に、哲学にも、教育にも口を挟んだ。威勢がいいのはいつものことで、波紋を呼ぶこともしばしばであった。

（1）アレクサンドルは、一九〇八年以来、アランの弟子であり友人。
（2）モーリス・アルヴァックス（一八七七～一九四五年）の妹。

だが、カンギレムが喧騒を巻き起こしても、同窓生たちは今さら驚かなかった。というのも、『自由語録』誌への投稿を開始したころ、カンギレムは、高等師範学校恒例の儀式――「演劇祭」――でおこした反逆で、すでにユルム校の有名人だったのである。四月初旬、第一学年の生徒は、上級生や教師陣のみならず、学校側や一般聴衆にも向けて、高等師範学校の精神——新入生いじめ——にのっとり、外国語で出し物をやらされることになっている。一般聴衆を煙に巻いておいて、自分たちだけが秘密を知っているとほくそ笑む、というものである。

一九二五年に始まった事件（原案はカンギレム、タイトル・ロールはサルトル）の顛末——一九二七年の演劇祭でスキャンダルを引き起こして終わる——については、ジャン＝フランソワ・シリネッリが克明に記録してくれている。[1] 当時、高等師範学校の校長を務めていたのは、有名な文学史家のギュスターヴ・ランソン（一八五七〜一九三四年）であった。左翼連合の大臣たちを招いて開催された一九二五年に続いて、一九二六年の演劇祭にも当てこすりの標的が招かれ、言い方こそ稚拙だったものの、辛辣な皮肉が浴びせられた。だが、翌年は違った。『自由語録』誌（一九二七年九月二十九日号）にヴォルテールの偽名で掲載された記事によれば、カンギレム——この年は教授資格試験に備えていなければならないのに——とアランの弟子たちが演劇祭を利用し、お馴染みの反戦運動をアピールする場に変えてしまった、というのである。

（1）前出参考文献【8】、三二二〜三二九頁。

物議を醸した寸劇『カンビュザ船長の嘆き』——そのプロローグは『ラ・マルセイエーズ』風の歌で始まる——は、高等師範学校に新しく配属された軍事教官に当てつけたもので、大喝采を呼ぶと同時に「愛国派」の学生の憤激を買いもした。大の平和主義者シルバン・ブルソディエ、[1] ジャン・ル・バイユ（一九〇四〜六五年）と並び、カンギレムも首謀者の一人だった。極右新聞『ラ・ヴィクトワール』がこの事件を書き立て、校長の罷免を要求してきた。[2] 一九一五年に戦場で一人息子を失っていたランソンは深く動揺し、すぐに調査を命じ、規定の手続きをすべて無視して、責任者と推定される三人の生徒に「厳重戒告」を与えると公言した。感情に流されて、ランソンは二つの誤りを犯した。犯人を「匿おう」としたと疑われる——証拠はない——仲間のうちの六人に対しても同じく戒告処分で臨んだのである。さらに、陸軍省大臣ポール・パンルベ（一八六五〜一九三三年）——高等師範学校出身——に書類を提出し、演劇祭事件を（ちょっとした）国家的事件にまで発展させてしまった。

（1）ルイ・ル・グラン高校の準備学級出身で、社会主義に傾倒する学生グループの一員。

（2）この情報およびその解説の出所はギュスターヴ・エルベ（一八七一〜一九四四年）である。エルベは、一九〇五年、SFIO内部で反戦の気運を醸成し、労働総同盟（CGT）の急進的な労働組合主義（サンディカリスム）に接近した（参考文献【11】、二〇二〜二二三頁を参照）。「ヴォルテール」はエルベのことを「かつての志を穢したことで悪名高い三文文士」と呼んでいる。実際、一九一四年以降、エルベは超平和主義者から超国粋主義者へと転身し、国家社会主義党を創設した。この政党は、一九二二年以降、フランス・ファシズムへと転じる。

事件には次のような背景があった。労働者インターナショナル・フランス支部（SFIO）の一員であるジョゼフ・ポール＝ボンクール議員（一八七三〜一九七二年）が「戦時の国家総動員」を求める法案——「学術研究についても、国からの補助金は国防に役立つものを優先する」（第四項）——を提出し、一九二七年三月七日、下院で大がかりな投票が行なわれた。演劇祭が開催されたのは、それからまだ数週間しか経っていないときだったのである。「アラン派」の抗議はこの法に対する早速の洗礼だったわけだ。

三月二十日以降、ミシェル・アレクサンドルが『自由語録』誌上で怒りを露わにすると、アラン自身が『ヨーロッパ』誌（四月十五日号）でそれに続いた。次はカンギレムの番で、C・G・ベルナールという偽名を使い、『自由語録』誌上で抗議の声を上げた。「知識人を戦争利用することに抗議するのは、そこに、一国全体を参謀本部の指揮下に置いて、軍部が失いつつある威光を取り戻し、エリート主義で強権的な社会秩序を強化しようという魂胆がまざまざと見て取れるからである」と書いている。高等師範学校の生徒なので仕官訓練を受けなければならないという個人的な事情にも触れている。「ここでも、われわれが反対しているのはこのエリート主義にほかならない。戦争、つまり、人の死が問題であるのに、農民の命が、エンジニアの命が、教師の命が、などと言っている場合ではない。どれも掛けがえのないものなのだから……。われわれはエリートのレッテルなど貼られたくはないのだ」

一九二七年暮れ、カンギレムは軍事訓練の試験の際、分解するよう渡された機関銃の脚部をわざと試験官の足の上に落してやった。最初は二等兵だったが、のちに上等兵となり、一九二七年十一月から一九二九年四月まで、本来は一年のところを十八か月もかけて軍事訓練を修了することとなる。青年哲学者の反逆行為は高等師範学校の続く入学者たちのあいだでも語り草になった。

一九二八年になるとすぐ、今度は三人の署名者のうちの一人となってフランス社会党（SFIO）の『ル・ポピュレール』紙に辛辣な請願書を投稿し、ポール＝ボンクール法のことを躊躇なく「良心の自由に与えられたかつてない大打撃」であると扱き下ろした。

少なくともこれだけのことがあったなかで、それでも、カンギレムの学業成績は輝かしいものだった。一九二六年には、哲学者でもあり社会学者でもあるセレスタン・ブグレ（一八七〇～一九四〇年）の指導のもと、ソルボンヌ大学で高等教育免状（DES）〔学士号取得者で、大学教授資格・博士号をめざす者に論文審査を経て与えられた〕を取得した。卒業論文は「オーギュスト・コントにおける秩序と進歩の理論」で、コント（一七八九～一八五七年）と言えば、アランが高く評価しており、カンギレム自身も、終生、その教えを深く味わおうとした哲学者である。

一九二七年、戒告を受けた年、カンギレムは教授資格試験に、ポール・ヴィニョー(1)（一九〇四～八七年）に次ぐ二番手の成績で合格した。ジャン・ラクロワ(2)（一九〇〇～八六年）よりも、ジャン・カヴァイエス（一九〇三～四四年）――年は上だが高等師範学校の同期入学者で、のちに最も親しい友人の一人にして闘いの同志になった――よりも上位だった。しかも、一八七四年に審査を通過したエミール・ブトルー(3)（一八四五～一九二一年）のラテン語の博士論文『デカルトにおける永遠真理について』(4)を仏訳するだけの時間まであった。同年、この翻訳はアルカン社より、レオン・ブランシュヴィック（一八六九～一九四四年）の序文を付して出版された(5)。

（1）キリスト教青年労働者（JOC）の創設者の一人で、一九三七年には、国民教育総合組合の立ち上げにも加担した。
（2）のちにリヨンのリセ・デュ・パルク高校の準備学級で教鞭を執ることとなり、『エスプリ』誌の創設にも係わる。『ル・モンド』紙の哲学欄も、その創設から一九八〇年までは彼の担当であった。
（3）ブトルーが試問を受けたのは主論文「自然法則の偶然性」についてであって、『デカルトにおける永遠真理について』はその際の副論文である。
（4）デカルトによる、永遠真理が被造物であるというテーゼ〔数学的真理を被造物と考え、同じく被造物である精神と物体の懸け橋として機能させる、という説〕は、アランにも、その師ラニョーにも馴染みのあるものだった。
（5）一九八五年にヴラン社から再版が出て、ブランシュヴィックの序文は姿を消し、J＝L・マリオンの緒言が新たに付された。

カンギレムは軍籍を抜けるのを待たず、『自由語録』誌上で書評や論評を再開し、アラン同様、『ヨーロッパ』誌にも投稿した。政治に口を挟むときの強烈な平和主義者ぶりは健在だった。こうして学究にも政治活動にも励みつつ、カンギレムは一九二九年二月二十日以降、偽名を用いて「平和の政治に関する素描」を示し、それに注釈を施していく。「平和を愛する文化の実現」を目指し、一筋縄ではいかないであろう国家的取り組みに関する青写真を描く。熟慮することができて、しかも決断力のある少人数グループの導きのもと、あらゆる分野の教員、労働者、農民、医者、教授を一つにし、「平和を習俗の一部にしよう」というのである。この平和運動に構造を与えるべき最初の制度的枠組《シェーマ》みを構成するのが、一一項目からなる「注解」であり、これは、平和という理念そのものについての哲学的な考察として与えられた。「われわれの求める平和は、戦争の恐怖による平和ではなく、平和を愛するための平和である。したがって、われわれが確立しようと欲するままの平和（職業があり、商業があり、文化があるなら、もう存在している）のことであって、血、大砲、軍隊の恐怖でしかない平和のことではない。違いを認め、受け入れ、そして、融和させて打ち消すことで平和はもたらされるのだ」

この提言は、一九二九年二月二十日、「人権同盟への奉答」に続く形で与えられたものである。世界平和に向けて人権同盟から提案された措置に「賛同」を表明しつつも、カンギレムはまるで別の思惑を抱いていた。人権同盟の首脳部は、「許容範囲内」で、「現実的」だからという理由で、この措置を推しすすめようとしていたのだが、本当にその程度のものでしかないなら、大望として掲げる値打ちがないではないか、とカンギレムは噛みついたのである。皮肉なことに、人権同盟が「非現実的な理想を掲げる同盟」になるよう、カンギレムは求めたのである。「企画の段階で不可能でなければ、どんな大業がありえようか。達成されて初めて、大衆はその可能性に気づくものなのだ」という、スタンダール（一七八三～一八四二年）の『赤と黒』（六一章）〔桑原武雄訳、岩波文庫、一九五八年〕の一節をカンギレムは楯に取った。そして、一九三一年には、サルトル、ロマン・ロラン（一八六六～一九四四年）、アンリ・ワロン（一八七九～一九六二年）、などと協力し、「大学のファッショ化」に反対する新たな声明を発表したのである。

さて、一九三〇年の新学期より、カンギレムはシャルルヴィル高校に配属された。

同年七月十二日、新任の哲学教師（カンギレム）が辞令交付の折に記した文章は、当局に、固定観念に、そして旧来の慣習に、はむかおうとする調子はそのままに、だが、レトリックに関しては非の打ちどころがないという形式美――終生失われることがなかった――を備えていた。その冒頭の一節は、一度読んだら忘れられない。[1]

（1）このテキストは、すでに引いたJ・F・シリネッリ（前出参考文献【8】、五九五頁）の著作で部分的に再録されている。全面的な再録は、『哲学手帳』（CNDP、一九九五年十二月）に見ることができる。

親愛なる学友諸君、

さあ、ソクラテスの一五分間がやってきた。私がこう呼ぶことにしているのは、誰であれ、教師になる以上は避けて通れないと言っていい時間のことだ。町の長老、権力者、有識者の催す真面目くさった会議に出頭して、彼らの下す判決――事前のこともあるが、たいていは事後に下される――に甘んじるよう強いられるのだ。その判決次第で、若者を教える教師として承認されるか、信用を失墜するかが決まる。ご存知の通り、ソクラテスは生徒の保護者であるアテネの市民陪審員の前で罪の釈明を迫られながら、それを認めないという勇気ある愚挙に及んだ。そして、若者――自分からソクラテスの生徒になったのだ――の心を曲がりのない健全な道から逸らせた廉で死刑を言い渡されたのだ。いつの世も、また、いずれの世界においても、健全な道の守り手を自任する世間は、誤ることがないと自惚れている。

青年カンギレムはラニョーを擁護すべく、モーリス・バレス[1]（一八六二～一九二三年）に食ってかかった。そして、ソクラテスを称賛して、「どの権力も指導者を腐敗させずにはおかない。おそらくは、だからこそ、今の政治家もこれからの政治家もわかってはくれないだろう。われわれとしては、ソクラテスの言葉を飽くことなく叫びつづけていくしかないのだ」とまで言っている。

（1）バレスの小説『根なし草』の冒頭に登場する、いけ好かない哲学教師P・ブティエ――「根扱ぎ人」の筆頭――は、大部分のところ、バレスの師A・ビュルドー教授（一八五一〜九四年）をそのモデルとしているが、学年度の途中でビュルドーを継いでバレスの指導に当たったJ・ラニョーをも一部反映している。

さて、教壇に立ってみて失望したからだろうか、あるいは、左翼カルテルが頓挫して以降の「中道の時代」[1]にあって、その立ち位置も方法も当局に評価されなかったせいだろうか、二年目（一九三〇〜三一年）をアルビ高校で過ごすと、一身上の都合ということで、カンギレムは教職を辞してしまった。生徒の評判は上々だったというのに。いずれにせよ、一九三一年から三二年にかけて、カンギレムはパリに戻っており、すでに見た通り、ミシェル・アレクサンドルを継いで、『自由語録』誌の編集長に就任することができた。

（1）前出参考文献【11】、二九〇頁。また、A・ティボデ（一八七四〜一九三六年）の参考文献【12】は注目すべきもので、これも参照。

それでも、一九三二年の新学期以降、他の複数の高校（ドゥアイ高校、ヴァレンシエンヌ高校、ベズィエ高校）がカンギレムを招聘してくれたし、一九三六年には念願のトゥールーズ高校に着任することもできた（カンギレムはのちに、「本当のところ、私が教えに行きたかったのはこの高校だけだ」と言ってはばからなかった）。一九三七年以降になると、準備学級を任されるようになり、一九四〇年の新学期まで、カンギレムはトゥールーズ高校で教えた。

こうして、中等教育機関の教師として第一歩を踏み出したカンギレムは、同時に、『自由語録』誌と

『ヨーロッパ』誌への投稿に熱を上げるようになる。一九三〇年は、第一次世界大戦（一九一四〜一八年）の戦争責任を、したがって、ドイツの賠償責任問題——一九一九年以降、第三共和政の政局を混乱の渦に巻き込んでいた——を巡って論争を繰り広げた。カンギレムは、前年に公刊されたジュリアン・バンダ（一八六七〜一九五六年）の著作『永遠なるものの終焉』[1]——『知識人の裏切り』[2]（一九二七年）の続編——を称賛している。「厳正にして厳密、容赦のない」一冊だとして、カンギレムは「賛同」と「歓迎」の意を表明した。バンダもカンギレムの書評を利用して、自分の批判——バンダに言わせれば、ロマン・ロランにしろ、『ヨーロッパ』誌の読者にしろ、反戦の熱が高じて「感傷的すぎる」のである——を正当化しようとした。一九三〇年四月十二日以降、カンギレムはアレクサンドルと連名の記事で論点の整理に時間をかけた。

（1）参考文献【13】。
（2）参考文献【14】。

『知識人の裏切り』（一九二七年）の著者に、カンギレムは改めて感嘆の意を表明した。そして再度、「知識人とは世界をその現状のままには受け入れない者のことである」という定義に立ち返る。カンギレムはバンダから妥協を許さないことの大切さを学んだ。結果を恐れず、真理であれば何であれ、口にするはずの知識人が、時の権力者と折り合い、戦略や戦術で身を縛って判断の自由を売り渡し、告発すべきときに告発しないならば、そのような知識人は裏切り行為を働いているのである。だが、『自由語録』誌の名のもと、アレクサンドルとの連名で発言するとなると、ロマン・ロランのことは擁護せざるをえなかった。

知識人の役割は「責任の所在を明らかにする」ことにあるのではない。「責任を追及する﹅﹅﹅ことが最優﹅

、先なのではなく、そのように人を急かして判断を誤らせようとする感情の流れ——自分自身の感情であれ、周囲の感情であれ——に逆らうことこそが、知識人の使命なのだ」

ところで、「偉大なる異端児」ロラン、と言えば、「詩人の哲学」、「ロマンチックで神秘の香り漂う哲学」を切り拓いた人物だと言われるかもしれないが、一九一四年のメッセージに限って言うと、それは「反抗精神、不意に解放されたと思った矢先、またも捕獲されてしまった理性」からの怒れるメッセージだったのである。すると、バンダはロランにこそ『知識人の裏切り』を献呈すべきだったのだ、……という皮肉でもって、カンギレムとアレクサンドルは論を結んでいる。

この論戦から、その戦う姿勢を通して、当時のカンギレムが哲学者の社会参加をどう考えていたのかを知ることができる。戦争と平和を巡って当時のフランスで戦わされた議論の争点は、いわゆる「ドイツ問題」に集中していた。ドイツ人というのは、言わば邪悪とでも言うべき「魂」の持ち主なのだろうか。この邪悪な「魂」に「フランス的魂」を対置することができるのだろうか。〔第一次世界大戦の終結から〕一二年後、独仏の敵対関係が終焉を迎えてもなお、われわれはこのような堂々巡りからほとんど抜け出せないでいた。

カンギレムは、師アランの平和主義の名のもとにフランス国粋主義を懲らしめる、というだけでは満足しなかった。同僚のカヴァイエス同様、ドイツ文化に精通していたし、驚嘆してもいたので、『自由語録』誌の読者に呼びかけ、悪魔呼ばわりする前に、ドイツについて、ドイツ人について、もっとよく知ろうと呼びかけた。

カンギレムはこうして、一九三一年十一月、ピエール・ヴィエノ（一八九七〜一九四四年）の著作『ドイツの不安』[1]を書評することにした。カンギレムはこの著作を称賛して、「自分から出発して他者を理解しようとするのではなく、別の視点の可能性を探っている」点で、知性のあるべき姿そのものの見本を示してくれている、と書いている。そして、ポール・ヴァレリー（一八七一～一九四五年）『精神の危機』（一九一九年）〔恒川邦夫訳、岩波文庫、二〇一〇年〕を引用して、文明に関する純粋な相対主義が表明されていると評する。この考え方がフランス人に理解されないのは、フランス人がヘーゲル（一七七〇～一八三一年）を読まず、不安が絶望という形を取ることを知らないからで、不安の表われにほかならないこの絶望こそが、ヒトラーなり、国家社会主義〔ナチズム〕なりがドイツ大衆の絶大なる支持を集めていることの説明なのだ、と言っている。

（1）参考文献【15】。

ヴァレリーとヴィエノを拠りどころに、カンギレムは、当時のいわゆる「ドイツという危機」の正体を探るべく、ドイツ人の視点からドイツに向き合うよう求めた。そして、知識人（と政治家）に呼びかけ、啓蒙され、事情に通じたドイツ人の嘆き――「フランス文化を体現しているだけで、文明そのものを体現していると思い込んでいるフランス人どもの何とも頑迷なことよ！」――に耳を傾けるよう促したのである。

一九三二年の冬から春にかけて、『自由語録』誌は、平和主義者フェリシアン・シャレイ（一八七五～一九六七年）――反植民地主義を掲げる有名な社会主義者で、「全面的な平和」を目指す闘士――とテオドール・リュイッサン（一八六八～一九六七年）――「法による平和」の支持者――とのあいだに巻き起こった熾烈な論争で持ち切りになった。カンギレムはシャレイ側に就いた。議論は戦争の論理そのものを巡って戦わされた。戦争は「国民感情」に起因しており、その感情は人間に備わる「抗うことのできない基本的反応」に数えられるものなのだろうか……。そうだとしたら、生来の性向を法的措置で押さえつけることが必要なのだろうか。カンギレムはこのテーゼの自然主義的――あるいは生物学的とも言える――前提を認めない。カンギレムの言いたいことは、戦争に反対して、実際に効果を上げようと思えば、「人間なり、人間集団に対して、外から命じて人権をいくらかでも放棄させようとする、つまり、自然の障害に打ちかかって人間らしさを享受しうる義務を捨て、必然性から偶然の出来事を産み出す義務を断念し、兇暴性を鎮める義務を手放させようとする、そのような試みはどんなものであれ」追放しなければならない――シャレイが現にやって見せてくれているように――、ということである。

一九三二年十月には、カンギレムは『自由語録』誌の読者に呼びかけて、イエナの上級実科学校《レアル・ギムナジウム》の教師の手による一冊――アランの選訳集[1]――に注意の目を向けさせた。引き締まった文体と気の利いた言いまわしを褒めちぎった挙句、カンギレムは、「敵が同胞より優れていて、フランス人がフランス人の視点から抱く理想が、ドイツ人によってフランス人以上にうまく体現されることもある、ということを今後少しずつ認めていこうではないか」と結んだ。そして、アランを引いて、「人がいればこそ平和はもたらされる。人がいればこそ正義ももたらされる。運命に縛られているわけでも、順境があるわけでも、逆境があるわけでもない。ものそのものには何の値打ちもないのだ」と言い放った。

（1）参考文献【16】。

さて、一九三四年二月六日、国粋主義者が「スキャンダルまみれの共和国」に対して暴動を企てると、それに対抗する形で、同年三月、「反ファシズム知識人監視委員会」が創設され、ポール・リヴェ（一八七六～一九五八）とポール・ランジュヴァン（一八七二～一九四六年）、そしてアラン――賛同書には「作家」とある――がそのリーダーを務めることとなった。カンギレムは委員会から小論『ファシズムと農民』の執筆を依頼されたが、彼が農家の出であるというので、直々に指名されたものだった。小論は、一九三五年、フランス農民の現状に関する広範な調査――詳細な「質的」調査による――に基づく、委員会からの刊行物ということで無名で発行され、[1] 付録として、ファシズム国家であるイタリアとドイツにおける農業の現状に関する注記が添えられた。[2] カンギレムが「古典的」な政治分析を手掛けたのはこれっきりである。カンギレムは左翼の指導者に呼びかけ、マルクス主義のウルガタ〔普及版〕――農民にとっては不幸なことに、ソビエトでは大勝利した――が広めた風潮に流されて、「農民世界」を単純化して考えるのを止めるよう求めた。左翼政党ならびに労働組合は、「フランスのこんにちの農民に向かってソビエトやコルホーズを説き勧める」という過ちを犯してはならない、というのである。ファシズムをスターリン流に定義するなら、フランスでファシズムが台頭することに異を唱えても奏功しないだろう。

（1）ミシェル・カメッリがこのテクストをイタリア語で紹介している。参考文献【17】。

（2）カンギレムはファシズムとナチズムという両体制を指示するのに、「全体主義」という語を鉤括弧に入れて使っている。当時、ムッソリーニのイタリア語（totalitarioという語が政治的な含みを持つようになったのは一九二六年のことである）をフランス語に輸入して造られた新語である。J・バンヴィル（一八七九～一九三六年）が一九三三年に持ち込んで、「新しい種類の政界」――「一党だけが存在することを許される」――を指すのに用いた。一九五〇年代に入るとすぐ、「全体主義」という語は拡張――とくにハンナ・アレントとレイモン・アロンによって――されて、ソビエト体制を指すのにも使われるようになった。

「資本主義が行き詰って、軍部を背景に労働者組織を潰そうとしているのがファシズムなのだと言われても、そのような偏狭な見方では、実際のところ、フランスの農民をその気にさせてファシズムに対抗させるには何の役にも立たないだろう。というのも、フランスの農民はほとんどみな、労働者組織に敵対しているわけではないにしても、まるで無関心なのだから」

では、農民をその気にさせるにはどうしたらいいのだろうか。カンギレムの答え――具体的な分析、歴史の振り返り、証拠集め——は、フランスの「農村世界」を二つに分けて、北部で大規模な農場を経営する農民と、個別に多角栽培を営む零細農民とを別々に考えることが先決である、というものである。「全農民の統合を夢見るとは、何とまあ、現実を知らないことよ。これまで、平和な戦場〔田畑〕など詩人の想像力のなかでなければ存在した試しがないというのに」

小論はパンフレットとなり、社会主義者と共産主義者に呼びかけて、農民向けの宣伝から「農民にとって、これまでのところ（この限定が肝心）、こけおどしにしかならなかったもの、『集産主義』という語」を取り除かせようとした。

そのように農村世界を上から見下ろすのではなく、中小農家の側でも産業労働者との連携で得をするということをわからせることが肝要だということで、パンフレットの要点は、両者の相互理解を進めるプログラムの基本方針を定めている。必要なのは、「農村労働者の企てに対して現実的な見返りが請け合われることで、現に財産を所有することこそが、労働全体——決断、実行、調整——の意識的、かつ人間的な統一を維持させるための唯一の方法なのである」。このような展開なら「社会主義」を楯に取ることができそうなものだが、当時、社会主義を標榜していた政党の推し進める政策とは折り合わなかった。[1] カンギレムに言わせれば、彼が主張するように展開していくのでなければ、「農村世界」がファシズムの脅威に加担することになりかねない、というのである。このような加担を推し進めれば、右翼政党や極右政党の思うつぼで、彼らが「農村世界」の団結——幻想に決まっている——の名のもとに推進する、小農民と大土地所有者との連合を助長することになってしまうだろう。カンギレムはマルクスまで持ち出しているが、ある意味、このときほどマルクスに接近したことはなかった。そうは言っても、ポール＝ルイ・クーリエ（一七七二～一八二五年）も、バルザック（一七九九～一八五〇年）も援用されており、当時支配的だったマルクス主義的な分析と反りの合わなかったことは一目瞭然である。

（1）自分の立場を政治的に利用されないよう、最後の注で、カンギレムは予防線を張っている。「この研究では社会主義という語を多用したが、言うまでもなく、今ある某政党の綱領のことを念頭に置いてこの語を使ったわけではない。この語は、純粋に理論的な意味で使われている……」。仮に生産手段を集団組織化する必要があるとしても、それは「個人の自由のため」でなければならない。

ドイツ人を知ることで目前の危機に対処しようというのは、小論『ファシズムと農民』でも大きなモチーフのひとつであった。一九三六年、『ヨーロッパ』誌（三五号）上でも、カンギレムはこの問題に立ち返っている。前年、アルカン社より公刊された同僚アロンの著書『現代ドイツ社会学』の紹介に際してのことで、ここではより理論的な調子で論じている。政治に首を突っ込んだ一九三四年の延長線上で、カンギレムは読者に呼びかけて、フランスでは「ほぼ公認」となっているデュルケム社会学の枠を抜け出すよう誘い、マックス・ウェーバー（一八六四〜一九二〇年）——当時、フランスではまだ無名だった——の周辺にいるドイツ人たちの業績に目を向けさせようとした。ドイツ社会学とフランス社会学を隔てる哲学的な前提を明らかにしてくれたとして、カンギレムはアロンに賛辞を贈っている。個人の社会に対する関係を巡って両者は異なっている、というのである。エミール・デュルケム（一八五八〜一九一七年）の仕事は「個人と集団の二律背反」を前提としており、社会が解体したら無秩序状態に陥ってしまう、という脅威に備えて道徳や規律に訴えようとするものである。対して、ウェーバーおよびドイツの社会学者たちの話題は西洋文明の奇妙さであり、そこでは個人が官僚制を始めとする抽象的な秩序に囚われてしまっている……、というのである。

結論部に至って、政治への関心があからさまになっている。「ドイツの政治について、他のどの時代にも増して間違うことの許されないときなのだから、ドイツの社会学に関するもの（とくにアロンの著作）はどれも最大限の注意を払うに値する……」

さて、カンギレムの思索に独自の貢献をしたものとして、一九二七年以来、一人の先輩と定期的に交わした会話を挙げることには、それなりの理由がある。[(1)] カミーユ・プラネ――カンギレムと同じくカステルノダリ出身で、同じく哲学の教授資格者でもある――との会話のことであるが、カンギレムは彼と堅い親交を結び、頻繁に帰郷してはその親交を温めた。彩画にも線画にも優れ、ピアニスト、作曲家でもあるプラネは、カンギレムの背中を押して、一九三五から三六年にかけて、反ファシズム運動に参加させ、トゥールーズでも、シルビオ・トランタン（一八八五〜一九四四年）書店を根城に結成されたサークルで運動させ、スペイン共和派を後押しさせた。

（1）この段落の材料を提供してくれたジャン・スヴァジェルスキに感謝している。

プラネと協力して、カンギレムは中高生向けの教科書――全三巻の予定だったが、第一巻『論理学・道徳』[(1)]が一九三九年に出版されたきり――を企てたりもした。この教科書の結論部で、著者は平和主義の問題に真正面から取り組んでいる。「歴史の偶然にであれ、必然――形而上学的にしろ、物理学的にしろ、根拠があると考えられている――にであれ、従順の態度を取るか、それとも、反抗の態度――結束の態度と言うほうがいい――を取るか、どちらを取るかが問題なのだ」と著者は言う。そして、アランを念頭に置きつつ、「何よりも平和」を重んじる者に対し、その着想の「高邁さ」と「論拠の堅固さ」のゆえに、称賛を贈ると言っている。だが、アランの平和主義の「欠陥」に注意を喚起することも忘れていない。「ここで平和の名で呼ばれているものも、実のところ、単なる言葉のうえでの戦争否定でしかない。言い換えるなら、平和主義は、平和という語でこれまで名指されてきたものについて誤解しているようだ。争いの不在や消滅が本当の平和なのではない。そのような不在や消滅も、形が少し違うだけですぐに戦争になってしまうのだから……」。言葉だけで満足していると、最も不幸な幻想に身をさらす（一九三九年）ことになりかねない。「現在のような国際情勢下にあって国際調停に望みを託すというのは、調停などというものが、外交、正義の国際法廷、国家社会、等々の名のもと、対峙する武力の優劣を覆い隠す――どうせ、かりそめにしか隠せない――ものでしかない、ということを忘れることである」

（1）参考文献【18】。予定されていた残りの二巻というのは、『美学』と『心理学』である。一九三〇年以来ずっと執筆しようとしていて、結局は断念したということからして、実のところ、教科書の執筆には乗り気でなかったのだと思われる。多分、それが理由の一つとなって、途中で投げ出すことになったのだろう。

一九四〇年の新学期、当時、モントバン高校で教壇に立っていたプラネは、ヴィシー体制の正当性を認める宣誓を拒んだ。彼は解任され、カステルノダリに戻ってレジスタンス運動に参加した。カンギレムのほうでも、「一身上の都合」ということで校長に暇を乞うた。辞表には、「『仕事・家族・祖国』の教授資格を私はまだ持っておりません」と書かれていた。お陰で、カンギレムはあらゆる時間を割いて、数年前から始めていた医学に関する研究に没頭することができるようになった。

ところが、この研究三昧の期間も長くは続かなかった。一九四一年二月以降、カヴァイエス――当時クレルモン＝フェランに移転してきていたストラスブール大学の哲学・論理学の准教授で、アメリカに滞在していたルネ・ポワリエ（一九〇〇～九五年）の補充教員としてソルボンヌ大学に招聘された――の説得が何とか功を奏し、講師としてクレルモンで彼の後任を務めることになったのである。合わせて、オーベルニュ地方のレジスタンス運動を組織することにも手を貸すことになった。トゥールーズ高校の準備学級をジャン＝ピエール・ヴェルナン（一九一四〜二〇〇七年）に引き継ぐと、のちのフランス共和国臨時政府の内務大臣エマニュエル・ダスティエ・ド・ラ・ヴィジュリ（一九〇〇〜六九年）に協力して、「国土解放運動《リベラシオン》」――のちの「南の解放」――の立ち上げに参加した。

「国土解放運動」の最中、カンギレムがラフォンの暗号名で、ルーヴル――アンリ・アングラン（一九〇八〜二〇〇三年）の暗号名――の右腕として演じた重要な役割については、レジスタンス運動の歴史家たちが明らかにしてくれている。特筆すべきは、一九四四年六月十日、ムシェ山（カンタル県）の戦いに参加していることである。モリーヌに野戦病院を建て、サン＝タルバン病院でしばらく過ごすことになったのだが、そこで、フランソワ・トスケル(1)（一九一二〜九四年）とリュシアン・ボナフェ（一九一二〜二〇〇三年）に就いて、制度論的精神療法の誕生に立ち会うことができた。その後、アングラン――一九四四年春、クレルモン＝フェランにて、ド・ゴール将軍によりオーベルニュ地方管轄の共和国地方委員に任命される――の右腕となり、まだ解放されていなかったヴィシーに入って解放運動を代表し、まだそこにいたヴィシー政府関係者や責任者の身柄を確保した。

（1）E・ルディネスコがその著書『フランスにおける精神分析の歴史』第二巻（参考文献【19】）に、F・トスケルの精彩に富み、好印象を与える肖像を掲載している。

さて、ここに、もう一つ別の話が流れ込んでくる。教壇に立ち、レジスタンス運動に身を投じながら、なおかつ、カンギレムは医学について研究することも投げ出してはいなかったのである。この話が彼の哲学的考察に独特の趣を与えてきたことは疑いない。

第二章　医学の哲学

現在、カンギレムを紹介する際には、「医師であり哲学者でもある」もしくは「哲学者であり医師でもある」とするのが通例になっている。カンギレムが医学の勉強を始めたのは三十二歳のときで、そのときすでに哲学を教えて数年経っており、トゥールーズ高校に〔哲学の教員として〕赴任したばかりだったのだから、事実に近いのは後者の紹介の仕方だということはわかっていただけるだろう。すでに述べたように、一九四〇年九月から四一年二月までの「一身上の都合」による休暇のあいだに充分な時間をあてて医学研究に専心したのち、クレルモン＝フェランのストラスブール大学へと出発する。クレルモン＝フェランでは、一九四二年、アンリ・ベルクソンの『創造的進化』第三章についての有名な講義を行なうなど教育にも力を注いだ。また、レジスタンス運動を行ないながらも、自分の研究を進め、一九四三年には博士論文の口頭審査をパスした。その学位論文を出版したものが、彼の著作のなかでもこんにち最も有名な『正常と病理』(1)である。カンギレムはなぜ医学の研究をしたのだろうか。医師に、それも田舎の医師になるためだろうか〔クレルモン＝フェランはフランス中央部、中央山塊の一部を占めるオーヴェルニュ地方の中心都市である〕。彼の意図についてそのように考えたり書いたりした者もいる。しかし、後年、若い同僚たちがそのように問いかけたとき、断固とした口調で「違う、まったく違う！」と答えている。[2] 彼は医学を修得したといっても、それを実践したことはなかったのだと強く主張するのである。ただし、オーヴェルニュのマキ〔レジスタンスのアジト〕で救急部門に配属されていた数週間だけは例外で、ポール・ライス医師[3]の助手として、負傷した同志の切断手術に立ち会わなければならなかった。[4] それは、生涯忘れられない恐ろしい思い出になった。もう一つの例外があって、それについては、すでに第一章で簡単に触れておいた。同じくオーヴェルニュのマキでのことだが、サン゠タルバン〔オーヴェルニュ地方の一都市〕の病院で、フランソワ・トスケルについて精神療法の実践に短期間かかわったことがある。彼が田舎の医師になりたかったのではないかというのは、このエピソードに由来している。

(1) 一九四三年にPUF〔フランス大学出版局〕から刊行された初版のタイトルは『正常と病理に関する諸問題についての試論 (Essai sur quelques problèmes concernant le normal et le pathologique)』である。一九五〇年の第二版には短いが重要な序言が付された。さらに、一九六六年の最新の版には同じ主題に関する、未刊だった研究(『正常と病理に関する新しい考察(一九六三〜六六年)』)が増補され、『正常と病理』のタイトルで、カンギレム自身が編集する、PUF刊行の〈ガリアン〉叢書の一冊として出版された。参考文献【20】。
(2) 参考文献【21】所収のF・バンとJ゠F・ブロンシュタインとのカンギレムの対話を参照。
(3) ストラスブール大学物理学生物学教授。ドイツ占領下におけるレジスタンス運動に参加した医師としてのちに有名になる。一九四四年六月、カンタル県のショード・ゼーグの戦闘で死ぬ。遺骨は、ソルボンヌの地下納骨堂に納められた。
(4) このことについては参考文献【22】の短い物語を参照。

同じく若手同僚との先の会話のなかでカンギレムが認めていることだが、医学研究を始めたことについては、おそらくあるネガティヴな理由がある。それは、あとから見れば「小さい」ものだったとカンギレムが考えているような理由だ。当時彼は、自分の哲学における教育活動がその分野の大家たちに正当な評価を受けていないと実感して失望を感じつづけていた。自分の哲学教育が当局に正当に評価してもらえず、失望していたから、というのである。当局はカンギレムのやり方を誤解しており、一九三〇年以降、カンギレムもそのことに薄々と気づくようになったのである。

しかしながら、医学研究を始めた理由には、カンギレム自身が明言するこのような失望のほかに、ポジティヴな理由もある。つまり彼は個人的に、彼が哲学においてすでに得た「机上の」知識に、「何らかの経験的な知識」を加えようと望んだのだ。これと同じ方針に従う形で、一九四三年の著作『正常と病理に関する諸問題についての試論』の序文にも、医学に期待しているのは「人間の具体的な問題への手引きなのだ」と書かれている。[1]カンギレムは自分の独創性を二点に要約している。第一の考察が言うところでは、「哲学の教師が医学に興味を惹かれるのは、精神病について知りたいから、というわけではない」。こう言うことで彼は一つの伝統と距離をとっている。それはテオデュル・リボー（一八三九～一九一六年）とジョルジュ・デュマ（一八六六～一九四六年）から始まって、高等師範学校でのカンギレムの同期であるダニエル・ラガシュへと続く伝統である。前者二人に関してカンギレムはほとんど評価することはなかったが、ラガシュの鋭い知性は高く評価し、ラガシュが一九三七年にクレルモン=フェランの助教授になると、ラガシュによる患者の病状を紹介する講座に出席するほどであった。[2]「机上の哲学」の延長部分に組み込まれるべき「具体的な人間に関する諸問題」とは、人間の生物学的現実、つまり、病気になって、その生の最中に死の脅威にさらされ、結局は抗しがたい終わりを迎える、という特異な生物としての現実に由来する問題である。

（1）前出『正常と病理に関する諸問題についての試論』、七頁。
（2）すでに引用した一九二六年の『ジュネーヴ誌』でのアンケートでは、ラガシュは次のように答えている。「一九〇三年生まれ、高等師範学校生徒。哲学と医学の研究を続けている。病理学的心理学を志す」。その後、一九五六年に哲学コレージュで行なわれて大反響を呼んだ、J・ヴァールについての講演で、カンギレムはその二年前に出版された『心理学の統一性』の計画に異論を唱えている。「心理学とは何か」と題されたこの講演は、『科学史・科学哲学研究』（参考文献【23】）に収録されている。

医学に関する二つ目の考察が明確にするのは、「医学研究に身を投じるのは、それによって科学的手続きに馴染みたいから、というわけでもない」ということである。言い換えれば、彼の研究の歩みを支配していたのは、科学認識論的な関心ではないのだ。カンギレムを引き合いに出せば、学生に理学部の課程を修了させて、科学哲学者としての土台固めをさせられると信じてきた伝統から見れば、何とも逆説的なことだけれども。

カンギレムは「医学をじかに学ぶ」ことで、技術が「すべて単純に知識に還元されてしまうわけではない」ということの証拠を得ようとしていたのだ。[1] 彼は、「科学認識論者《エピステモローグ》」であろうと願ったことはまったくなく、哲学者として、支配的な科学認識論的（実証主義的）規範などに飼い馴らされることのない人間活動の方法論を探求していたのである。というのも、人間の活動は、理論的に単純化されることはあっても、実践において、全面的にひとつ（あるいは複数）の科学に「還元される」、つまり、従属させられるなどということはないからである。

（1）前出『正常と病理に関する諸問題についての試論』、二頁。

カンギレムは、医学を「本来の意味での一つの科学というよりはむしろ、多くの科学の交差する場所にあるひとつの技術、あるいは技芸《わざ》」ととらえていた。

この一節は、さまざまなニュアンスをともなって読まれなければならない。医学の科学的な性格を、カンギレムが否定していないことは明らかだし、実際に否定したことは一度もなかった。彼は科学（とくに薬理学と統計学）が近代医学にもたらした有効性をもちろん知っている。彼はまた、医療行為を「直観的」にとらえて、ノスタルジックな幻想――パターナリズム〔父親的温情主義。医学においては、医療従事者が患者の利益を考えたうえで、患者の意志に反してでも何らかの医療を行なうこと〕につながるような、一般医師〔家庭医〕〔父〕と患者〔子〕のあいだで成立する、かの「奇妙な信頼関係」――を主張することに賛成したりはしない。彼に言わせれば、医学的技術はひとつの「技芸」なのであって、医師が自分の学んだ技術を利用する際には、彼の個性や主観性を完全に排除してしまうことはできないのだ。だから、誰でも知っているように、いい医師もいれば、そうでない医師もいる。さらにカンギレムは、医師が学ぶ技術でさえ、あらかじめ与えられた学識の単純な「応用」ではないと主張する。なぜなら、医学の技術は苦悩する存在〔患者〕を対象とするので、苦痛が大きくないと、医学は苦痛の個別的特徴を捉えることができないのだが、苦痛を大きくすると、今度はその責任は医学自身に帰ってきてしまうからだ。

したがってカンギレムは、医師として、医学に貢献すべく、医学に関心をもっていたのではない。医学史家としての関心をもっていたのでもない。彼が医学に取り組んだのは、哲学者としてである。彼がなぜそのような取り組みを行なおうとしていたのかをみずから説明している有名な一節がある。「哲学という反省は、馴染みのない題材をこそよしとする。好ましい題材はどれも馴染みのないものでなければならない、とさえ言いたいくらいだ[1]」。事実彼は、哲学の素材たりえるもののなかで、医学こそ、彼の哲学研究の延長において選びうる最良のものであると判断したのである。それでは、彼を医学の哲学者とみなすべきなのであろうか。ある意味ではそうである。『医学についての諸著作[2]』という題名のもとに最近出版されたいくつかのテクストからは、一九三〇年代末に選ばれた医学という「素材」の進化に対して、一九八九年に至るまで、カンギレムが変わることなく注意を払いつづけていたことがよくわかる。さらに、彼は生物にかかわる諸科学についても考察を続け、これらの科学にかかわる仕事は、自身が構成して出版した論文集のかなりの部分を占めている、ということも付け加えておかねばならない。生命諸科学について考察しようとすれば、大抵は、それらが医学に対してもつ複雑な関係を探ることになるのだ。

（1）この定式化には、カンギレムが何よりも愛したテクストである、ヴァレリー『ユウパリノス』〔P・ヴァレリー『エウパリノス・魂と舞踊・樹についての対話』、清水徹訳、岩波文庫、二〇〇八年〕の一節からの残響を聞き取らないではいられない。パイドロスの影は、ソクラテスの影に問いかける。「あなたのように明晰で完璧な魂のなかでは、実務家の箴言がまったく新しい力とひろがりを帯びてくるということは当然あるはずです。もし、その箴言が真に明確なものであり、精神が脇道に逸れる暇などみずからにあたえず、自分の経験を要約する一瞬の働きによって仕事から直接引き出されたものであるならば、それは哲学者にとって貴重な素材です。金銀細工師よ、わたしはあなたに地金の塊をお渡ししているわけです！」〔同訳書、一五〜一六頁〕

（2）参考文献【24】。

医学へのカンギレムの興味をたどると、一九二九年『自由語録』誌に掲載された、医師ルネ・アランディ[1]が当時出版したばかりの『医学的諸概念への入門[2]』に対する書評にまでさかのぼることができる。この著作は「四体液説の父ヒポクラテスを称える」ものと紹介されている。この書評のなかでカンギレムは、アランディによって大雑把にたどられた「分析的」医学と「患者中心の医学」のあいだの対立を熱心に取り上げている。アランディのまとめるところによれば、分析的医学では、「病気とは外来の、偶然的な影響により生じるものであって、分析によって特定され、その病気に合った仕方で対抗し、あるいは消滅させるべきものである。患者中心の医学では、病気とは、生を可能にする諸条件の総合と関連する内発的活動の表出であり、困難な状況に適応しようとする努力であって、医師はこの努力を助け、支えるのが仕事であった」。

（1）アランディ（一八八九〜一九四二年）は、フランスの医学において桁はずれに重要な人物である。彼の博士論文は『錬金術と医学』であるが、そこでの厳格な合理主義に対する厳しい批判は同業者を恐れさせた。彼は一九二〇年から精神分析に興味をもち、パリの精神分析協会創立者の一人となっている。彼は占星術やホメオパシー〔病気の治療のために、その原因と考えられる毒物を充分に希釈して摂取すると効果があるという考え方〕にも関心をもっており、そのため、アナイス・ナン（一九〇三〜七七年）は一九二三年の『日誌』で、アランディは「医師というよりも魔術師」というにふさわしい、と書いている。若いカンギレムは、アランディの一九二九年の著作の批判精神だけは考慮に値すると考え、フロイトを論拠とすることは否定しなかったが、ホメオパシーや伝統医学に対するアランディの個人的解釈は容認しなかった。

（2）この巻は一九二九年のエディシオン・オ・サン・パレイユ版にある。

歴史的には、分析的医学は、その始祖ガレノスが合理的なものにし、アラブ人によって継承され、シルヴィウス、ブールハーフェ、ビシャ、ブルセなど近代の医師に受け継がれ、パストゥールの時代にその繁栄を迎えた。患者中心の医学とは、古代の医学であって、ヒポクラテスにおいてそれが成熟した形で表現されている……。そして、分析的医学の行き過ぎに抗して、患者中心の医学を甦らせるときが来たのである。

カンギレムは驚くような熱情と激しさでこの本を紹介する。この本がカンギレムの注意を引いたのは、そこに医学史の年表が見つかるからではなく、現代医学を「手ほどき」するなかから哲学的課題を引き出すことを教えてくれるからである。その見地とは、個人である。実際、テクストの冒頭に謳われる宣告が読者の目を引かずにはおかない。「個人が再び〔重要なものとして〕登場する。科学が個人をその固有の対象にしていることに注目が集まるや、一般性を愛する哲学者たちのあいだにおそらくパニックが起こるだろう。だが、お気の毒さま、である」。つまり、個人は〔科学の対象としては〕当時「姿を消して」いたのか。そのとおりである。というのも、カンギレムによれば、まがい物の実証主義の名のもと、科学を戯画化する哲学者たちが個人を抹消することで医師の気がかりは軽減され、科学万能主義へののめり込みは助長され、倫理的な頽廃を招くことになったのである。だから、彼は最初の主張を引き継いで、「個人は医学を脅かす」と述べるのであろう。というのも、この個人というものはもはや、存在しないかのような扱いに耐えられないからである。いいかえれば、個人はもはや、病気を乗せて運ぶだけの受動的な役割にはもはや甘んじてはいないだろうから。

「パストゥールの栄光は色あせた」と若い哲学者〔カンギレム〕は大胆にも診断するのだが、もちろんこれはあとから見れば傲慢にも思われる。パストゥールはあらゆる陣営から賞賛されており、彼を「人類の恩人」とすることにかけては、教会も国家もないという反論が聞こえてくる。カンギレムの再反論は皮肉たっぷりだ。「そこには抽象への好みがいみじくも言い表わされている。結局のところ、存在しているのは人間である。しかも、人体は二重に個物である。まず、生物として個別的だが、これだけならどの動物も個別的である。だが、人間としてはもっと個別的なのだ。つまり、精神から、人格から切り離すことのできないものとしてどうしようもなく個別的なのだ……」

カンギレムはのちになってもこのアランディの著作を忘れていない。彼は、一九七八年の『精神分析新評論』に掲載されたある論文において、早速冒頭から、この著作に言及している[1]。人間の個別性がどういうものでありうるかを、反省的に分析することは、カンギレムによる医学への問いかけの中心であり続けた。最も専門的な著作においてすらそうであったのである。博士論文〔『正常と病理に関する諸問題についての試論』〕でも、まず歴史的観点から、「病理的状態とは正常な状態からの量的な変容に過ぎない」

と見るかどうかに関する、ブルセ、コント、ベルナール、ルリッシュらのテーゼが突き合わされ、続いて「正常と病理についての科学が存在するか」と問われ、最後は生理学の身分が問われている。[2]

（1）前出参考文献【24】に再収録の【25】。カンギレムは、精神分析学者たちに問いかけながら、アランディの名にR・ラフォルグ（一八九四〜一九六二年）の名を、彼の『臨床精神分析学』（一九三六年）の講義によって、正当にも結び付けている。ラフォルグは、パリ精神分析学協会の創設者の一人である。

（2）F・ダゴニェは、まったく正当にも、カンギレムがつねに生理学の位置づけについて注意を払っていたことを強調している。ダゴニェは、この執拗さがどこに由来するのか考察している。おそらく、カンギレムの方法論的な問いの焦点である人間の個人性、それが提示する問題についての執拗さと対をなしているようだ、とダゴニェは考える。

カンギレムの言うことは非常にはっきりとしている。「生物学で規範が問題になるときは、いつも個人に立ち返らなければならない」[1]。より正確に言うなら、人間が問題であるときには、生の安全を脅かし、自分を「病人」と見なして医師にかかる気を起こさせるのは、個人の苦痛や苦しみである。

（1）前出参考文献【20】、一一八頁。

人間であるかぎり、個人は意識を授けられている。自分を病気だと言える人は、生物学的な正常状態について知っていることになる。「病気で苦悩が引き起こされることは、生命ならではの驚異である」[1]。そして、正常状態について判断を下すことで、正常とは何かという規範そのものの生成に影響が及ぶかもしれない。いずれにせよ、正常状態を定めることは、今日の可能性〔正常と呼ぶことのできる状態〕を昨日の可能性に照らし合わせることに存する。そして、人間が病気になって脅かされるのは、ひとつひとつの器官の機能（あるいは存在）ではない。むしろ脅かされているのは、個人の「生の歩調」[2]、すなわち、個人がその生成の途上で環境と取り結ぶ関係全体なのだ。

（1）前出参考文献【20】、五九頁。

（2）カンギレムはこの表現に、彼の論文のなかでもまったく特別な重要性を付与している。歩調（allure）とは、より多い、あるいはより少ない（より速い、あるいはより遅い）、リズムをもった運動であり、並足であり、だく足であり、駆け足である。そしてまた、社会においては、人の与える強い印象——気品がある（avoir de l'allure）、威厳がある（fière allure）——である。この論文における議論の終わりで、生理学の定義が問題になるとき、カンギレムは「生命の安定した過程の科学」（前出参考文献【20】、一三七頁）という定式化を提案する。これはダイナミックな定義である。というのも、「それらの過程は、以前の安定性が破られることによってその力が試されたのちにのみ、安定することができる」（同上）からである。

「個人の判断は、誰もが知っているように、しばしば正しさを欠いている」（たとえば、腰痛に悩む人が本当に腰を病んでいることが非常にまれであるように！）という医師団からの反論を予想し、カンギレムは、それに細心の注意を払って答えている。確かに医師たちの言うとおりだからこそ、診察を欠かすわけにはいかない。なぜならば、「診察によって、医師は、器官やその働きではなく、患者個人を丸ごと、具体的に把握できるようになる[1]」からである。診察のおかげで、患者自身の判断の重みを測ることができる。患者は自分の痛みの本性について誤る、というのか。そのとおりだとしても、病になったと言い腰の痛みを訴える患者が、「諸器官の沈黙のうちに」（ルリッシュ）生きていた頃とは異なる、新しい「生の歩調」に入ったという意見を示していることを否定はできない。「病気になることは、人間にとって、別の生を送る——生物学的な意味においてさえ——ことである[2]」と書くカンギレムに躊躇はない。医師であるとは、患者の側に立って「生命に対する態度を決める」[3]ことである。医学（生命を扱う技芸）のお陰で人間の寿命は延びる。すなわち、医学によって人間の生は引き延ばされ、「人間についての科学という、相対的ながら、なしではすませられない光、つまり、否定的な価値をもつすべてのものに対する防衛と闘争の自発的な努力」が生のうちにもたらされたのである[4]。

（1）前出参考文献【20】、五〇頁。
（2）前出参考文献【20】、五九頁。
（3）『正常と病理』において幾度も繰り返される表現で、この表現が使われるときには、それとなくではあるがはっきりと、形而上学的な射程を示していることがある。たとえば、医学においては「人間を介して、生命がそれ自身に関心をもつのである」（前出参考文献【20】、五九頁など）。これはカンギレムをドイツのロマン主義哲学につかのま近づけるような文である。ドイツ・ロマン主義哲学については、ストラスブール大学でのカンギレムの同僚であり、友人であった組織学者マルク・クライン（一九〇五〜七五年）が『生物学者の視線――科学的アプローチの進化』（参考文献【26】）において卓抜な数項を書いている。
（4）前出参考文献【20】、八一頁。

近代および現代のいわゆる「科学的」医学は悲劇を演じてきた。「医師は、医師にかかるのが患者であるということを忘れがちである。生理学者は、臨床医学や治療医学が生理学に先立つものである――不条理だと言いたくなるかもしれないが――ことを忘れがちである」[1]

（1）前出参考文献【20】、一三九頁。

このような悲劇を演じていることに気づかせるべく、医学博士論文として提出されたこのテクストは、逆説的にも、医師らをあおって「視点を切り替える」[1]よう要請する。医師からの視点を採用してそこから病気の科学を形成しようとするのではなく、「混同されがちな二つの視点」を峻別すべし、というのである。「病気に苦しんでおり、そして病気が苦しめている患者からの視点と、病気のうちに生理学が説明することのできないものは何も見出さないという科学者の視点」[2]は混同されてはならないのだ。

（1）前出参考文献【20】、四五頁。
（2）前出参考文献【20】、二四頁。

医師に自分の主張を理解してもらうために、カンギレムは、ブルセ、コントそしてベルナールという、医師に読まれてはいなくも敬われてはいるような著作家のテクストのうちに見いだせる、個人〔患者〕を忘れていることに起因する理論上の不整合を示そうと努めている。ルリッシュが異彩を放っているのは、彼とともに「思いがけない形ではあるが、病気について、病気なのは患者であるということが、病気の十全な概念へと復権するが、これは、ともかくも、解剖病理学上の病気の概念に比べればずっとましな概念である」[1]からである。

（1）前出参考文献【20】、五四頁。

医師たちに「患者の病気」の忘却を促し、それを正当化してきた論理が体系的に解体される。この論理は、医師団が広く信用を集めるのに成功した「証拠」〔何らかの治療法が選択されるための証拠、根拠。日本では「エビデンス」と呼ばれることもある〕の総体に立脚している。これらの「証拠」は、ある――コントを経てブルセに帰せられるところの[1]――「教義」のまわりにグループ分けされるのであるが、その教義によれば、病理学的な現象と正常な現象、すなわち、病理的なものと生理的なもののあいだに違いなどないのである。これら二つのタイプの現象のあいだにあるのは連続性と同質性である[2]。医学と良識は共同して次のように要求する。つまり、病理的現象は正常な現象の混乱したものにすぎない、と。「病気の科学」である医学は、「生の科学」である生理学に準拠するのである[3]。「証拠」は、量化を受けつけるように見えるだけにますます信用される。量化が科学の目印であることは物理化学的諸科学の例によって保証されているのだから。「二種類の化学はない」と『動物と植物に共通な生命現象についての講義』[4]において正当にもクロード・ベルナールは述べている。ベルナールの功績は、この線に沿う形での決定論〔生命現象も化学的因果によって決定されるということ〕を主張したところにある。しかし、そこからわれわれは、次のように結論してよいだろうか。すなわち、病理学的なものは、生理学的なものとの関連で言えば、「正常なメカニズムが不具合をきたしたもの、つまり、正常な現象の量的な変化、〔何らかの量の〕過多や過少」にすぎない、と言ってよいのだろうか。

（1）カンギレムは注意深く次のことを指摘している。すなわち、「証拠」の重視をコントからブルセに至る系譜に帰するのは当を得ないものであり、スコットランド人の医師ジョン・ブラウン（一七三五〜八八年）の役割を不当に無視している、というのである。ブラウンは、患者集団が生理学上の亢進と衰弱にいかに分けられるかについて理論化した。参考文献【27】。

（2）前出参考文献【20】、二五頁。

（3）前出参考文献【20】、三四頁。

（4）参考文献【28】。

われわれがこうして遠ざかることになる具体的な個人とは、有機組織の潜在的能力を実行し発揮する場合に立ちはだかる障害を苦しみのうちに自覚し、その可能性の「収縮」に応じて、全体としての生を再調整するはずのものである。近代的な臨床医は、生理学的分析の行なわれる研究室のほうばかり向いている。具体的な個人としての病人に出会うという特権をもちながら、彼は「生理学者の視点を採るべきであると思い込んでいる。(1)〔病人であるところの〕個人は、病気が生み出す歴史において展開されるドラマなのだが、このように視点を切り替えることで、ないものとされてしまう。この視点の切り替えは言葉遣いにその跡を残し、以降、話題になるものといえば、侵された器官のこと、さらには「分子病理学的に理解された病気(2)」のことばかりである。そんなものは病変か機能不全かの悪影響を被っている「だけ」だというのに。

（1）前出参考文献【20】、五〇頁。

（2）参考文献【29】。

こんなまやかしの「証拠」が近代医学の先駆者たちを捉えて離さなかったのはなぜか。どうしてこの視点が、かくもやすやすと、かくも大々的に、勝利を収めたのか。一九二九年の段階で〔医師アランディによって〕あれほど確信に満ちて掲げられた、医学における、そして医学による「個人への回帰」という目標が、その後、実を結ぶことはなかったことを、どのように説明できるのか。これらの問題についてカンギレムは多くの説明を与えているが、それは当時の時代状況を見事に描き出している。

カンギレムが最初に言及するのは、当時新興の哲学が知的精神を支配していたことである。そこで提唱される科学観にそそのかされて医師は視点を変え、以降、西洋ではその視点が優勢になってしまった。

その哲学とは、コントの実証主義にほかならない。カンギレムは、そこから、医学思想にとって重要なテーゼを取り出している[1]。そのテーゼは、知的精神に感銘を与えるべくコントが趣向を凝らした幾つかの格言の形で与えることができる。すなわち、「科学から予測へ、予測から行動へ」、あるいはより簡潔に「行動するために知る」、あるいはさらに「可能にするために予測し、予測するために知る」。これらの格言によって、コントが啓蒙の哲学〔とくにコンドルセ〕の後継者と目されたのは理由のないことではない。しかし、上の格言に含意されているのは、科学と技術の関係を「応用」の関係と見なすことであり、そうなると、技術の科学に対する優先は、時間的にも論理的にも否定されることとなる[2]。十九世紀フランスの医師は、エンジニアと見なされることを進んで受け入れ、彼ら自身、生理学の医学に対する優越を肯定するようになった。この哲学的テーゼからは、結局、技術とは「異を唱えることが許されない命令を実行に移すだけの従順な給仕」であるということになる。実のところ、技術こそが「具体的な問題に注意を喚起し、研究を導いて困難に向かわせ、しかも、与えられる理論的解決について何ら予断を挟まないという相談役にして推進者」でなければならないのに[3]。手に負えない現実を拒絶しようとする世紀（十九世紀）の合理主義的楽観論のうちでこそ、先述のような視点の切り替えは準備されたのである。実生活で人間の克服できない困難があっても、それをすべて無知のせいにして、科学に人間の進歩の障害となるあらゆる謎を解き明かす力を帰する、これは、（産業的）文明ならではの特性である。そこでは、技術活動の「無謀さ」が恐れられ、体系的知識の「慎重さ」がもてはやされる。「無謀」は知識への反逆と見なされるのだ。

（1）カンギレムは何度も、当時の医師たちのあいだでコント的な実証主義が人気を博していたことを、とくに彼らの著作を通して、示している（前出参考文献【20】、三二一～三三頁）。
（2）参考文献【30】。
（3）前出参考文献【20】、六〇頁。あとで、一九三七年以来、カンギレムがいかにして、技術の問題を、彼の医学の哲学、諸科学の哲学、道徳を結びつけるテーマの一つにしたかを見ていく。

一般に、科学的知識と一体化することで技術の効率を向上させることができるし、医学の場合も、生理学の知識を利用すれば能率は上がる。これらは議論の余地なく確かなことである。しかし、臨床において生じるさまざまな問題なしには、つまり病理学なしには、生理学がその存在理由の本質と、その進歩の推進力を失うことも、同じくらい否定できない。

カンギレムを「医学の哲学者」と呼ぶことはどのような意味で正当なのか。それは、カンギレムが、医学の現場、概念、理論の詳細にほんのわずかでも首を突っ込むなら、そこに哲学の実践にとってとりわけ好都合な題材が見出されると考えるからである。

生理学を生の「安定状態の科学」として考察することで、医学博士論文で表明されている独創的な観点〔患者中心の医学の復権〕は、ただちに拡張される。では、彼は「生物学の哲学者」と呼ばれるべきだろうか、あるいは、「生の哲学者」と呼ばれるべきだろうか。

ある意味では、どちらの呼称も正しいと言えるだろう。もし、医学が、報告される変則事例への科学（生理学）の応用ではなく、苦しんでいる生身の人間の訴えに応じることを使命とする技芸であるならば、医学は、その目的をどこから引き出し、その用途をどのように定義するべきなのだろうか。医学の目的と用途に関しては、カンギレムの作品のなかに、治癒や健康という概念についての重要なテクストが数多くある。[1]

（1）『正常と病理』の第四章は「病気、治癒、健康」と題されている（一一八〜一三四頁）。『医学についての著作』には、二つの重要なテクストが再録されている。「健康、通俗的概念と哲学的問題」と題された一九九八年のストラスブール大学での講演と、すでに引用した、『精神分析新雑誌』（一九九八年）に寄稿された「治癒の教育は可能か」である。

われわれはすでに、『正常と病理』における健康の概念――ルネ・ルリッシュから借用されたものである――を取り上げた。それは、「健康とは、諸器官の沈黙における生である」というものである。一九八八年には、カンギレムは同じ定義を二つの定式で飾っている。そのうちの一つは、ヴァレリーの言葉を下敷きにした「健康とは、必要な諸機能が、気づかれずに、そして快さをもって果たされるような状態である」[1]というものである。もう一つは、医学史の大家シャルル・ダランベール[2]（一八一七〜七二年）の言葉を下敷きにして、「健康の状態では、われわれは生の運動を感じることはない」と述べられる。ディドロは、有名なテクストのなかで、すでにこの沈黙を逆説的に具体化して述べているが、それは結局、治癒と健康の概念を結びつけることになっている。すなわち、「体の調子がいいとき、体のどの部分もわれわれにその存在を知らせない。もし、どこかの部分が苦痛によってその存在をわれわれに気づかせるなら、体の調子が悪い、ということは確実である。もし、「体のどこかの部分の存在を知るのが」快さによってだとしても、かならずしも、体の調子がよりよくなっているとは限らない」[3]。

（1）参考文献【31】。
（2）参考文献【32】。
（3）参考文献【33】。

医師たちが結局は、つねに、健康についてよりも病気について語ることが多いのはなぜだろうか。カンギレムは、健康についての科学が存在しないからだ、と答える。健康とは、ひとつの価値である。すなわち、もとの状態を超える力を意識するなかで個々に体験される価値なのだ。各人はこの力を、新たに手に入れることも、すでにもっていることも、失うこともある。このことによって、正常と病理に関するさまざまな価値は、個人によって異なるということになる。

では、「治癒」とは何だろうか。それは、「病人と医師とのあいだの関係のなかから生じる出来事」[1]ではあるが、その本性ははっきりしないままである。この治療の本性について証言する言葉は、学問的なものであれ、通俗的なものであれ、「元気を回復させる、復元する、健康を取り戻させる、体力を取り戻す、回復する」など、病理学的現象の可逆性に対応している。しかし、生物は、ひとたび病を得れば、もとの状態に純粋に、かつ単純に戻るということはけっしてない、というのがカンギレムの博士論文での立場であり、批判されてもなお[2]、彼はこの立場を堅持している。「いかなる治癒も、回帰ではない」。そうだとすれば、カンギレムにとって重要なことは、新しい状況でも、その人にとって人生は生きるに値するほど充分に良いと思えるような生を受け入れることができる、ということなのだ。それは、病人と医師のあいだに成立する状況の複雑さを示している。というのも、最終的に問題になるのは、患者が自分の生をどう考えるかに応じた、患者の主観的評価だからである。精神科医によく知られているパラドクスで、患者のなかには、「自分の回復を受け入れず、行動も病人のままで、そして、生き方の問題に対して、新しく、今までとは何ほどか異なった形で立ち向かう決心をするには至らない」者もいる。精神科医はまた、病人のなかには「病気のうちに自分に合った善を見出し、治癒を拒否する」[3]者もいることを知っている。

（1）前出参考文献【24】、七〇頁。
（2）ストラスブール大学理学部教授のL・ブヌールも、その著書〔参考文献【34】〕においてカンギレムを批判した。
（3）前出参考文献【24】、八五頁。

カンギレムによる以上の分析とその立ち位置は、もはやすたれたものなのだろうか。そういう分析や立場は、今ではまったく医学の歴史と化した過去の一時代のものとなり、現代は、〔少なくとも先進諸国では〕勝利を収めたように見える、公衆衛生と予防医学の時代なのだろうか。二十一世紀初頭、専門家はこぞって「生の質〔生活の質《クオリテイ・オブ・ライフ》〕」について統計的に基礎づけられた尺度を与えようとしている。そのような状況のなかで、個人の判断に照らして「生の質」について語ることを正当化することなどできるのだろうか。

以上のことについて、議論の決着はついていない。しかし、少なくとも、カンギレムがこの〔公衆衛生における〕発展を知らなかったわけではないことは認めておく必要があるだろう。彼は、博士論文でこのことに取り組み、また健康〔衛生、フランス語ではどちらも「サンテ」〕についての講演でも改めて取り上げている。カンギレムは、〔「公衆衛生」の意味を表わすために〕「サンテ・ピュブリック」に代えて「サリュブリテ・ピュブリック」という表現を用いることを提案している。というのも、彼によれば、公衆に共有される《ピュブリック》ものとは、病気であって、健康《サンテ》ではないからである。衛生学の努力は、成功を収めたのか。

もちろん成功した。たとえば、平均寿命を見るかぎり。しかし、衛生学は、「人口全体を統御するのに用いられるものである。個人にかかわるものではない」。危険なのは、衛生学がこうして個人の忘却に加担することである。そうなると医学は変質し、病人を犠牲にして、国家機関の利益に走るようになる。というのも、国家機関が「専門家の医学イデオロギー」を広め、その結果、「身体はあたかもひと組の器官として生かされているかのように」なってしまうからである[1]。医学の「非人間化」に対しては大衆的な拒絶反応があって、なかでも信じやすい人びとは、アンダーグラウンドなものだが心地よい「自然回帰的な」医学の思想へと向かい、それに取り込まれた。また、「治療師」に頼った人びともいた。治療師は公認の免許をもたないにもかかわらず、免許をもつ医師にはできないことができると豪語していたのである。カンギレムはしばしば、イヴァン・イリイチ[2]（一九二六〜二〇〇二年）を引用して、「科学的に条件づけられた健康への不信から、このような粗野で非公式な健康〔の概念〕が擁護され、巷間に流布されるのだが、それらは考えられるかぎりのさまざまな形をとり、そのなかにはまったくばかげたものもある[3]」と嘆いている。

（1）前出参考文献【24】、六六頁。
（2）参考文献【35】。
（3）前出参考文献【24】、六七頁。同書一五〜三一頁の論文「医学の思想と実践における自然の観念」を参照。

この科学か非科学かという性急な議論からの脱出口は、はっきりしている。つまり、「正常の概念と平均の概念が論理的に独立している〔無関係である〕ことを認め」、その結果、「解剖学的あるいは生理学的正常を、客観的に計算された平均値という形で過不足なく表現することは決定的に不可能であることを認める」しかないのである[1]。

（1）前出参考文献【20】、九九頁。

十九世紀以来の現代医学が生理学に譲り渡した主権は、医学を科学――諸器官の正常な構造と機能を規定できることになっている――の応用と見なす「医学イデオロギー」の産物である。この「視点」は、逆説的で残念なことだが、具体的な人間としての個人を医師の関心から抹消してしまう。しかし、この「視点」が科学的に正当なものと見えるとすれば、それは概念の混乱によるのであって、その混乱を晴らすことは哲学的活動の領分に属するのである。

この概念の混乱を示すためにカンギレムが訴えたのは、医師の著作ではなく、有名な社会学者でデュルケム派から離反したモーリス・アルヴァックス(1)の著作(2)である。アルヴァックスの功績は、一九一三年に、アドルフ・ケトレ（一七九六～一八七四年）の著作を批判的に、かつ厳密に紹介したことである。ケトレとは、ベルギーの統計学者であり、コンドルセとラプラスにつながる系譜において、確率の計算を人体測定、経済、社会科学に適用して、この分野のパイオニア的な著作をものした人物である。結局、ケトレにとって、人間の身長のような性質の分布への関心とは、どのようなものだったのか。それは、この性質の観測値の変動が「釣鐘型の曲線」におさまることを通して、「人間の典型」を明らかにすることであった。所与の性質について、典型からの個々のずれがあっても、それは「偶然の法則」にかなっており、付帯的なことと考えることができる。このことについて、ケトレは、世界についてのある神学的概念に訴えて、「存在論的」な解釈を与えている。すなわち、「私にとっての肝心なことは真理を際立たせ、人間がいかに神の法にそれとは知らずに服しているか、いかに規則正しくその完成に寄与しているか、を示すことである」。ケトレは人間のこの典型に「平均的人間」の名を与えた。こうして、彼にとっては平均の概念と規範の観念を同一視するのに困難はなかったのである。なぜなら、神が、それらを一致するようにしたのであるから。

(1)アルヴァックスは、哲学の教授資格を取得してリセで教えていた。のちにデュルケーム学派の社会学にかかわるようになるが、その学派とは一定の距離を置いていた。彼は『自殺の諸原因』(参考文献【36】を参照)において、デュルケーム的抽象に反対して、「生の類」という概念を提示したが、この著作についてカンギレムは一九三一年十一月の『リーブル・プロポ』誌に論文を書いて詳述し、アルヴァックスへの称賛を惜しまなかった。『正常と病理』のケトレに割かれた頁では、アルヴァックスによるケトレの紹介を通して、先の論文が反映されている。アルヴァックスはストラスブール大学で多年にわたって教えたのち、ソルボンヌに移った。そして、彼の履歴はコレージュ・ド・フランスで終わった。逮捕されて送られたブッヘンヴァルト強制収容所で、一九四五年三月、死去したのである。

(2)カンギレムが使用したのは、アルヴァックスの『平均的人間の理論——ケトレと道徳的統計学についての試論』(参考文献【37】)と題された著作である。この著作でアルヴァックスが綿密に検討したケトレの著作については、参考文献【38】を参照。

アルヴァックスは、ケトレに反論する。身長のような身体的性質の分布は、人間の場合、偶然の法則に帰することはできない。というのも、身体的性質を問題にするなら、人間とその環境との関係から生じる有機的な結果までを考慮しなければならないのであって、その場合、「生の歩調」を規定する社会的規範《ノルム》がつねに生物学的法則に介入してくるからだ。

カンギレムはアルヴァックスに賛成する。すなわち、平均と規範という二つの概念の結びつきを、「平均を規範に従属させる形で表現できないものか」と考えるのは正しい。規範を平均のことだと考えるなど、もってのほかである。

生理学、病理学、そして治療学の関係について立てられる問いが、医学の分野で、はっきりしてくる。正常と病理を区別しようと望む者は、問題になるのは具体的な人間である個人だということをつねに心に留めておかなければならない。しかし、この個人は、その環境とのあいだに続く交渉のうちで考察されてのみ、本当の意味での人間として、正しく存在するのである。

　われわれはここで、カンギレムによる医学の哲学のなかで最もよく知られたテーゼ[1]に取り組もう。それらの主張は、彼が提示する「視点変更」の産物である。科学から科学につねに先行する意識へと、視点を変更することをカンギレムは提唱してきた。医学に関して言うと、生理学が要求する科学的威光に従属している医学という見方を捨てることである。生理学に従うなら、病気とは、有機体の「攪乱されていない」機能を示す平均からのずれでしかない。重要なことは、実存における〔多少とも深刻な〕ドラマとして病気を生きる病人からの視点をとることである。「生の側に立つ」とは、統計的平均の側ではなく、その環境における規範的な能力〔環境と自己との関係を正常化する能力〕が減少した個人の側に立つということである。生物にとって正常《ノルマル》であるとは、規範的《ノルマティヴ》であることであり、すなわち、「生の独自的な規範性」を肯定することである。人間個人にとっては、その独自性を認め、その歩調を合理的に統御し、生の規範性を「拡張」しようとすることである。

（1）これらの主張はたとえば、G・ル・ブランの二つの著作で十二分に注釈されている。参考文献【39】【40】。

　カンギレムによる規範と平均の概念の分析は、ウィーンの哲学者ロベルト・ライニンガー[1]（一八六九～一九五五年）からの引用で結ばれる。「われわれの持つ世界像はつねに、さまざまな価値の一覧表である」。カンギレムは、その一覧表を拡張して、そこに「すべての生きているもの」を含めるのだ。カンギレムの医学における哲学は、医学の知恵と実践によって切り拓かれる具体的な人間の諸問題についての反省的な分析であろうとする。そのため、この哲学は医学の哲学であることを超えて生の哲学になる。人間的諸価値の生物学的「根源」と、人類という特殊な生物がもつ規範性の生物学的「萌芽」を問いかける哲学になるのだ。そして今度は、人間がその生そのものについてもつ意識と、さらには認識という結果〔果実〕についても、うまく問いを立てられるようになるのだ。この認識はさらに物質化すると、人間的技術——治療学という生の技術を含めて——となる。人間的技術とは、「生のなかに組み入れられた、すなわち、情報収集と物質の消化吸収の活動のなかに組み入れられた[2]」ものである。

（1）R・ライニンガーは『西洋哲学と倫理——生の意義と地位』の著者である。参考文献【41】。

（2）前出参考文献【20】、七七頁。これは擬人化だろうか。カンギレムは次のように反論する。「擬人化を行なってしまう傾向について、われわれは誰にも劣らず警戒しているつもりである。われわれは、人間的な内容を生命の規範に帰属させることはない。しかし、人間の意識にとって本質的な規範性は、もし仮にそれが何らかの仕方で生命のなかに芽生えているのでないならば、どのようにして説明されるのだろうか」

第三章　歴史的科学認識論《エピステモロジー》？

一九六〇年代を通して、ソルボンヌでのカンギレムの授業が学生たちのあいだで際立った評判を得る(1)一方で、彼の仕事は、たいていの場合、歴史的科学認識論という「フランス的」ジャンルに分類して紹介された(2)。そのようなフランスに固有の伝統(3)は、現に存在し、いわゆるアングロ・サクソン流の科学認識論――ウィーン学団、論理実証主義、言語哲学からの遺産相続で特徴づけられる――の陰でほそぼそと、人によってはそれを拒否することで発展してきた。このことは、厳密な歴史研究の結果として、いまや確立されたことだと言ってよかろう(4)。カンギレム自身の指摘するとおり、科学史を科学哲学に結びつける伝統はコントに源流を発すると言えるだろう。「この伝統についてどんな判断を下すにせよ、次のことだけは異論の余地がない。すなわち、十八世紀の科学アカデミーで文系部門として生まれた科学史が、十九世紀になって、ある哲学グループの配慮で科学哲学に導入されたのである。彼らは、自分たちが、人間精神の歴史的発展法則にのっとって必然的に現われたのだと胸を張っている」

（1）とりわけこのことを証言しているものに、一九六六年一月、ウルム街のエピステモロジー・サークルが出版して大きな反響を得た、『分析のための研究』の冒頭にカンギレムの句が引用された、ということがある。この銘句は、当時の若く熱烈な「エピステモローグ」たちにとっての、一種の真言（マントラ）になった。それは、「ある概念に磨きをかけること、それはその概念の外延と内包を変化させること、並はずれた表現を合体させることによってその概念を一般化すること、その概念をもともとの領域から外へと広げること、その概念をモデルにすること、あるいは逆にその概念のモデルを探すこと、端的に言えば、調整された変形を続けることによって、概念に、一つの形式がもつ機能を、徐々に与えることである」というものである。このテクストは、バシュラールの『否定の哲学』（一九四〇年、参考文献【42】）における重要ないくつかの主張に対する注釈として書かれたものである。『科学史・科学哲学研究』に再録された。前出参考文献【23】、二〇六頁。

（2）この語彙の歴史については、こんにち議論の対象になっているが、バシュラールの科学哲学を指して「歴史的科学認識論」と表現することを、私はカンギレムに負っているということを明らかにしておく。この表現の初出は私の修士論文の題名であるが、この論文はカンギレムによる序文を付して出版された（参考文献【43】）。

（3）参考文献【44】。

（4）参考文献【45】【46】。

この伝統の独創性は、疑いなく、ガストン・バシュラール（一八八四〜一九六二年）の著作によって明確になり、際立つことになった。このシャンパーニュの物理化学教授は、一九二七年に哲学での博士論文審査に合格し、一九三四年には『新しい科学的精神』を出版した。この書物は、同時代の哲学者に向けて、物理学の新しい学説――相対性理論と波動力学――から、心理学的および教育学的教訓を引き出すことを目指したものである。注目すべきは、『科学的精神の形成』である。『新しい科学的精神』の四年後に出版されたこの著作では、副題にもあるとおり、「客観的認識の精神分析」が、教師と学生を想定して披露された[1]。

（1）参考文献【47】。

バシュラールの学生ではなかったにしても、カンギレムが、彼の著作を感嘆の念をもって読んでいたことはカンギレムがバシュラールについて書いたいくつかの論文のなかで、彼自身が証言している。たとえば、一九五七年にバシュラールに敬意を表して集成された論集[1]でカンギレムは〔バシュラール哲学の〕三つの「公理」を明らかにした。これらの公理は「一体」をなしており、カンギレムの目からはバシュラールの著作全体で守られているのが明らかだ。

(1) 参考文献【48】。

カンギレムは「第一の公理は誤謬が理論的に先行することについてのものである」と述べるとともに、この公理を「真理が最初にあるのではない。最初にあるのは誤謬でしかない[1]」という〔バシュラールの〕有名な言葉に結びつけている。

(1) 参考文献【49】。

次に「第二の公理は、直観が思弁上で無価値であることについてのものである」とカンギレムは言うが、これは「もろもろの直観は非常に有用である。それらは破壊されるのに役に立つ[1]」という同じく有名な別の言葉で表現される。

(1) 前出参考文献【42】、一三九頁。

さらに「第三の公理は観念の視点として対象を位置づけることについてのものである」とカンギレムは述べるが、これは『近似的認識試論』[1]のなかの表現そのままであり、「われわれは実在を、必然性がそれを組織するかぎりで、理解する……。われわれの認識は実在に向かい、そこから離れることはない」ということである[2]。

(1) 参考文献【50】。
(2) 参考文献【51】。

第一の公理に結びつけられるのは、「認識論的障害」という考えで、カンギレムの高く評価する『科学的精神の形成』において展開された。カンギレムはそこに「独創性」を認め、それによってバシュラールは「科学史における天才的革新者としての資質を明らかにした[1]」と言うのである。この概念によってバシュラールは、科学的思想の歴史において、十八世紀の合理主義者や十九世紀の実証主義者が信じようとしたこととは逆で、「誤謬は弱さではなく力であり、夢想は煙などではなく火である[2]」ということを世間に認めさせるのである。活発な研究においては、誤謬は増大する。誤謬は思想そのものから湧いて出てくるのだ。誤謬は、欲求、イマージュ、夢想を観念に変換する。思想が認識への道を歩みはじめるのは、誤謬の支配から思想が「ぎくしゃく」と身を引き離すときなのである。

（1）参考文献【52】、二四〜三九頁。
（2）前出参考文献【48】、一〇頁。

ここから、科学史を記述するための新しい技法が生まれる。「博物学と違って、科学史はもはや、伝記文学の寄せ集めでもなければ、諸学説の一覧表でもない[1]」。科学史は、諸概念の系譜についての歴史であり、そこでは、いかに合理的諸価値が科学の活動そのものの磁極となっていくかが示される。しかし、これらの概念の系譜には、かならず断絶がある。科学史家たるもの、カンギレムが、歴史家のちょっとした悪癖である「先駆者のウィルス[2]」として告発したものに感染してはならないのである。

（1）前出参考文献【23】、一八四頁。
（2）前出参考文献【23】、二二頁。「先駆者とは、別の途をたどって、その時点で最新の成果にまで到達した思想家、研究者のことである。先駆者に人の好さ〔詰めの甘さ〕を見出して、それを称賛しているようでは、科学認識論的な批判ができていない、ということの最も明白な証拠である。同じ目的地に至る二つの経路を想定するよりも先に、本当に同じ目的地に至るものなのかどうかを調べてみることが肝心なのである」。この一節に続いて、サモスのアリスタルコス（前三一〇年頃〜前二三〇年頃）が、コペルニクス（一四七三〜一五四三年）の先駆者であると言われていることの不当さを例として挙げている。コイレ（一八八二〜一九六四年）も、『天文学革命――コペルニクス、ケプラー、ボレッリ』で同じことを軽はずみであると告発している。参考文献【53】。のちにピクマルとカンギレムは、モーペルテュイ（一六九八〜一七五九年）をメンデルの先駆者であると見なすことがどのように誤っているかを明らかにしている。参考文献【54】【55】も参照。

カンギレムが評価するところでは、バシュラールは「科学史の意味」を根底から刷新したのである。「科学史を、それまでの劣った地位から救い上げて、哲学の第一級の学科にしたのである」。

一九六六年十月、モントリオールで行なわれた、科学史の対象とは何かについての講演は、『科学史・科学哲学研究』の冒頭部分となったものであるが、バシュラールによるパレ・ド・ラ・デクヴェルト〔発見の殿堂（科学技術博物館）〕における講演『科学史の現在』[1]および、『現代物理学の合理的活動』[2]の導入部分をある意味で語りなおしたものといえる。バシュラールからカンギレムへ、そして彼らの弟子へと至るなかで、科学史・科学哲学における「フランス的伝統」――先に引用された三公理を核としてその周囲に成立する――が確立された。科学史は、諸概念の系譜をたどるものであり、概念が修正されてきたことの合理的価値を研究することを本務とし、「すでに死に絶えた歴史」と「今も認可されている歴史」に区分される。[3]科学史はつねに作り直され、科学の進歩の現状に照らして、もはや復活しようのない、死に絶えた諸概念（たとえば、ラヴォアジエによって退けられたフロギストン〔燃素、かつて可燃物の主成分とされたもの〕）と、科学的活動に現役としてつねに現われるもの（たとえば、ジョセフ・ブラック（一七二八〜九九年）の比熱についての最初の諸研究によって指針を与えられた、熱素）とについて判断を下すのだ。

（1）参考文献【56】。
（2）参考文献【57】。

（3）前出参考文献【52】、【23】一八二頁に再録。

一九五五年、哲学の視学総監を務めるかたわら、五十一歳にして提出されたカンギレムの哲学の博士論文に目を向けるならば、先のフランス的伝統の果実がそこに輝かしくも具体的に例証されていることは一目瞭然である。この博士論文はバシュラールの指導下で書かれたもので、そのバシュラールがフランス大学出版局で責任編集の任についていた『現代哲学叢書』中の一冊として「科学の論理と哲学」部門から出版された。その『十七世紀および十八世紀における反射概念の形成』[1]というタイトルがバシュラール調であるのは否定できない。カンギレムは、その後すぐにバシュラールのあとを継いで、ソルボンヌの科学史・科学哲学教授、ならびにパリ大学科学史・技術史研究所長に就任した。彼がバシュラールの後継者であることは、彼の博士論文を読めばはっきりする。つまり、「概念の系譜」をたどって——カンギレムの場合、偽の系譜に対抗して「正当」な系譜を復権させることが課題である——、「失効した」歴史（生理学におけるデカルト的機械論の歴史）と「承認された」の歴史（生気論の伝統の歴史）とを区分しようというのである。この著作には、バシュラールの科学哲学に欠かせない概念のいくつか、「現象工学」の概念——第三の公理（「対象は諸観念の視点である」）から演繹されるものと考えてもよい——までも見出すことができる。

（1）参考文献【58】。

バシュラールの公理を借り入れるに当たって、「改良、再検討、進路変更」することがなかったわけではない。一九七七年、カンギレム自身が「科学認識論上の信任を授与する新しい権威」に対する苛立ちも露わにそう書いている。[1] ここでは言葉が、おそらく他のところよりも、さらに注意深く選ばれている。再検討は、適用領域に照らして、公理を新たに評価し直すことを前提としている。次に、「改良」は、農業用語からの借用で、（肥沃さの）改善を目指す修正のことである。さらに、進路変更は産業用語に由来し、目的をとは言わないまでも、方針を変えることである。

（1）ジョルジュ・カンギレム『生命科学の歴史——イデオロギーと合理性』（参考文献【59】）「公然とみずからの非を認めて、また認識論上の信任を授与する新しい権威に忠誠を示して、私がおよそ四〇年前に採用したいくつかの方法論上の公準を否認するには、たしかに私はあまりにも年老いており、私はそれらの公準を私なりの仕方で、私のリスクを賭して活用してきたのであり、それにその改良、再検討、進路変更がないわけではなかった」

しかし、『反射概念の形成』において最も印象的なことは、むしろ、ここで取り上げられる諸問題が、正常と病理に関する医学博士論文と連続している、ということである。カンギレムが反射概念を取り上げるというのは、自分の医学博士論文に対して可能な反論の一つを封じてしまおう、ということなのだ。それまで、次のように〔誤って〕認められていたのではないだろうか。すなわち、反射概念は生理学がもたらした、疑わしいところがどこにもない成果の一つである。この概念は治療の実践に基づいて形成されたのではまったくなく、生物を機械的現象に還元して科学的に説明しようとする生物学の理論を「不随意運動」に応用しただけものである、と。そして、機械論者中の機械論者と目されるデカルトを反射概念の祖に仕立てておいて、彼以後、その概念は順に洗練され、修正されてきたのだ、と考えて済ませていたのではないだろうか。

これは誤りだ、ということをカンギレムは示す。反射概念を形成するにはまず、神経インパルスの運動の二重性——求心性と遠心性——という考え方が必要である。テクストにわざわざ添えられた挿絵からも明らかなように、デカルトは、中枢から末梢への「一方通行の」運動しか考えてはいなかった。このテーゼは、デカルトが血液循環説で知られるウィリアム・ハーヴィ（一五七八〜一六五七年）の学説から採ったものであるが、そのくせ彼は、ハーヴィにならって心臓を筋肉と見なすことはせず、アリストテレス派の生理学に固執して、心臓を生体の「炉」として働く内臓と考えた。以上のことから、デカルトの生理学が、反射概念の形成に有利な形で働いたというのは間違いで、逆に、それは反射概念の形成にとって障害だった、と結論できる。

ここで二つの問いが思い浮かぶ。反射概念の形成をデカルトに帰するようになったのはいつからか、そしてなぜか。もし、反射概念の形成をデカルトに帰属せしめることが、誤りや、捏造によるものならば、その犯人は誰なのか。歴史がこのように再構成されることで、神経生理学に関する現行の見方のうち、何が修正を迫られることになるのだろうか。

第一の点に関しては、微に入り細を穿った分析とはうらはらに、その解答は明瞭なものである。デカルトの名が「先駆者」として歴史家の興味を引くのは、十九世紀末である。[1] より正確には、その語を、ドイツの卓越した生理学者、エミール・デュ・ボワ＝レーモン（一八一八～九六年）の著作に見出すことができる。彼は、ラディカルな科学万能主義の尊大な擁護者で、したがって、形而上学的諸問題に関する空虚さの告発者でもあった。[2] 彼の目には、デカルトは機械論をとる科学者、かつ哲学者の典型そのものに映った。そして、デカルトの動物機械説は、ラ・メトリー（一七〇九～五一年）の『人間機械論』（一七四七年）〔ド・ラ・メトリ『人間機械論』、杉捷夫訳、岩波文庫、一九五七年〕の先駆をなす、というわけだ。このようなテーゼは明らかに疑わしく、カンギレムも、マルシャル・ゲルー（一八九一～一九七六年）による「第六省察」〔ルネ・デカルト『省察』、山田弘明訳、ちくま学芸文庫、二〇〇六年〕研究をもとに反論している。[3] カンギレムが示したのは次のようなことである。デュ・ボワ＝レーモンは哲学的な考察に気を配らず、おかげで反射概念を生む可能性を孕んだ思想家の系譜の理論的豊饒性を丸々見逃してしまった。

それだけではない。デカルトを反射概念の祖とするという選択そのものが、直接的な政治的動機をもっていたのである。反射概念に現代的形式を与えた人物として知られるべきであるのは、チェコ人医師でウィーン大学教授ゲオルグ・プロハスカ[4]（一七四九〜一八二〇年）であるが、〔普墺戦争の〕敗戦国の国民だったために、低く評価されていたのである！

（1）「先駆者」の概念については、五七頁の注（2）を参照。また、カンギレムがこの主要な概念の最初の形成を見出したのは、おそらく、ヴァレリー『レオナルド・ダ・ヴィンチの方法への序説』（一八九四年）であったことも付言しておこう〔ポール・ヴァレリー『ヴァレリー全集　5』増補版、筑摩書房、一九七八年所収〕。

（2）ベルリン大学でヨハネス・ミュラー（一八〇一〜五八年）の職を継ぐ。エミール・デュ・ボワ＝レーモンは、科学哲学についての政治的な歴史に一時代を画する「イグノラビムス〔ラテン語で「この先もわれわれは知らないだろう」〕」、科学的知識の限界を表明する立場」についての有名な論述の著者である。D・ルクール編『医学思想辞典』の「実験医学」の項を参照。参考文献【60】。

（3）したがって、カンギレムの主張とは、初期に、たとえば『方法序説』（一六三七年）においてなどで示された意図がどのようなものであったにせよ、デカルトは実際のところ、生理学において巷間言われるような機械論者ではない、ということである。参考文献【61】。

（4）前出参考文献【58】、一一五頁。

そのうえプロハスカは、当時評判のかんばしくなかった「生気論」の伝統の継承者であると考えられていた。「生気論」は、「ロマン主義的な自然哲学」で提唱されている現代版アニミズムに近いものと考えられていた。また、この生気論は知的には曖昧模糊としており、行き過ぎた形而上学に傾いていると判断された。このチェコ人科学者の場合、実際のところ生気論とはただ単に、生物学的現実を機械論的に解釈することに対抗して、その現実の独自の意味を肯定しようとするものなのである。

神経系の生理学に関して、生気論の伝統は、一六六〇年、オックスフォードの自然哲学教授となり、ついでロンドンでは臨床医としても高名を馳せたトマス・ウィリス（一六二一～七五年）にまでさかのぼることができる。ウィリスは、神経中を駆けて筋肉を運動させる「動物精気」の運動に、二重性――求心性と遠心性――を持ち込んだ最初の人である。というのも、「動物精気」の定義[1]を改めて、血液の「微細粒子」ではなく、火の性質を備えるものと考えたのだ。カンギレム自身も認めるように[2]、ウィリスの歴史的役割に光を当てたのはカンギレムが初めてではないにしても、カンギレムが、哲学的な見地から、新たにその歴史的影響力を見て取ったのは確かである。カンギレムはここで、ウィリスの著作について臨床的側面と理論的側面の二つの側面を強調している。ウィリスが臨床医であったことを考えると、つまるところ、創意に富んだ生理学者の流れを汲む思想は医学に由来することがわかるが、このことはすぐに「忘却」されてしまうのだ。「デカルトは医学の実践とはまったくはずれたところで医学の理論を作り上げ、正常なものから病理的なものへと進む。ウィリスは病理的なものから正常なものへと進んでゆく。この二つの観点の違いをウィリスはよく知っていた[3]」。ウィリスは大胆な理論家でもある。彼は豊かなアナロジーのセンス、「生命の運動の源泉や原理について、ほとんど詩的とも言うべき直観[4]」をもっている。こんにちの生理学者から見て、ウィリスが同時代の科学者に優っている点があるとすれば、「それはまさにアナロジーの力によるのである。生命とは、運動、活力《インペトゥス》、不活動に抗する努力であり、ウィリスに言わせれば、そのかぎりで、光に似ている。そして、だからこそウィリスにとっては、生命についての諸法則の原型が光についての諸法則のうちに見出されるのは当然のことなのである[5]」。ウィリスからプロハスカに至るまで、十八世紀においては、ニュートン主義者を自称する「生気論」的生理学者に事欠かない。というのも、彼らにとって、「神経力」は引力に似て見えるのだ。ニュートン（一六四二～一七二七年）自身、引力の本性については知らないということを公言してはばからないまま、その力

が引き起こす結果を研究して周知の大成功を収めたではないか、というのである。(6)

（1）心臓と脳（および小脳）の役割についての「デカルト的でない概念」に対応した、新しい定義。
（2）参考文献【62】。
（3）前出参考文献【58】、五九頁。
（4）前出参考文献【58】、七〇頁。
（5）前出参考文献【58】、七二頁。
（6）前出参考文献【58】、一一四頁。カンギレムは、生気論は「生物学的なニュートン主義であると考えられうる」とまで書いている。

重要なのは、臨床から出発して、生命を諸現象の独自の秩序として認めることなのだ。

カンギレムのバシュラールへの誠実さがよく現われているのは、ただ「認識論的障害」という概念を決定的な場面で使っている、ということだけではない。カンギレムは、生物学における生気論的テーゼを問題とするときに、〔バシュラールの〕『火の精神分析』（一九三八年）におけるいくつかの主張に言及しさえもするのである。「神経力」（あるいは「動物精気」）を炎と同一視することは、反射という語の使用に暗に通じるものがある。合理的な精神の持ち主は、この同一視に驚くかもしれない。それはそうだろう。しかしながら、カンギレムに言わせれば、炎は、「人間精神の根源的な関心を表わすイメージのひとつではないのか」というわけである。『蠟燭の焔』(1)に、「光において、火は真に理想化される」と書かれていないだろうか。この理想化こそ、ウィリス、ならびに彼の賛同者をして、神経系の反射のうちに、光の反射と同じ、運動の二重性を認めさせたものなのではないか。

（1）参考文献【63】。

バシュラールとの関係を指摘するうえで見過ごせないことは、カンギレムが、先の分析の仕上げに当たって、「現象工学《フエノメノテクニーク》」の概念をふんだんに利用していることである。これはバシュラールの作り上げた概念で、現代科学が道具を駆使して固有の対象を生み出しており、生み出される対象を決める道具、すなわち「物質化された理論」[1]は、所与の社会がどれほどの技術を備えているかに依存する、ということを示すものである。一八五〇年には、反射の概念は書物のなかに書き込まれた理論的な思索の対象でしかなかった。この概念は「まだ何の役にも立たなかった」。しかし、その年、そしてそれ以降、反射の概念によって「理解される対象が現に存在することとなったのであり、反射とはもはや現象学的なだけではなく、現象工学的なものにまでなったのである[2]」。

（1）カンギレムが独立させたこの第三の公準の概念「対象は諸観念の視点である」を、バシュラールの体系につなぎなおすこともできるだろう。つまり、ここに進んで次の公準「何ものも与えられない、すべては構築される」を付け加えることもできるのである。それは、『適応合理主義』（一九四九年）で主張されたバシュラール的概念がもつパロディー的な性質をよりよく強調するためである。現代の物理学は「事物そのもの」に開かれているのではなく、さまざまな道具によって作り出される諸効果（ゼーマン効果、コンプトン効果、レーマン効果など）の科学なのである。

（2）前出参考文献【58】、一六一頁。

反射という概念のこの工学的な性格を踏まえて、カンギレムは最終的に、もし現在の反射の概念に「妥当性の証拠」を見出そうと望むなら、目を向けるべきは社会である、と主張することになる。そしてなによりもまず、この概念を用いる病院や、診療所に目が向けられるべきなのである。よく知られた膝蓋反射の事例、および光への目の順応の事例を引き合いに出して、「反射は存在する。なぜなら、結局のところ、医師はしばしば神経系の病気を治療し、治癒させるが、その病気の診断には、症状として、反射の不具合や消失という結果が含まれているからである」と言う。

ここで、カンギレムの分析は、彼が当初とっていたバシュラール主義を越えていく。『適応合理主義』

の著者〔バシュラール〕が、物理学に関して、「科学者の国」すなわち「証拠をもとに働く人びとの連合」と、それを相手どって戦う「技術者の国」という、いまだ抽象的な存在を持ち出しているところで、カンギレムの考察はより厳密であり、フーコーの初期の仕事の幾つかに道を拓いている。

反射という概念が、「知覚対象」の形で存在し、病院制度の枠内で診断という実践を確実に導いてくれるおかげで、反射概念は、同時代の他の諸概念同様、科学・医学用語から大衆語へと移行し、今もそのまま生き残っている。反射の概念は、「反射神経がよいこと」を社会公認の価値とする文明全体に組み込まれる。「こんにちの人間が暮らす文明においては、運動反応のすばやさと滑らかさが二重の価値を生み出す。機械の使用者にとっての効用と能率という価値、スポーツマンにとっての名声という価値、このような価値が生み出されるのだ。したがって、反射の概念はもはや、専門家によって知られる単なる科学的事実ではなく、いわば大衆に効用と名声をもたらす事実なのである[1]」

（1）前出参考文献【58】、一六二〜一六三頁。

しかし、文化——陰に陽に競合する諸価値が折り合って、序列化されている体系である——のなかへと「輸出」されることで、反射という科学的な概念が人間の生について矮小化したイメージを押し付けることにはならないだろうか。この概念は人体の「機械論的な」イメージを後押しして、ある生理学的な発想を、その実際の歴史については誤解したまましろ盾にして「ある種の生き方」に対する支持を助長しはしないだろうか。現代人による自由の謳歌として称賛されることもあれば、人によっては、抑圧的と感じられかねないような「生き方」を。

哲学博士論文『反射概念の形成』（一九五五年）の最後の数頁には、医学博士論文『正常と病理に関する諸問題についての試論』（一九四三年）を導いた哲学的モチーフを再び見出すことができる。それは、この二つの博士論文のあいだに執筆され、『反射概念の形成』よりも三年早く、『生命の認識』（一九五二年）において公にされた諸論文の主要テーマである。そこで典拠として利用されているのは、生理心理学に関するかぎり、同じものばかりである。それらのうち、クルト・ゴールドシュタイン[1]（一八七八〜一九六五年）の著作は「反射概念の再検討」を要求する。ルイ・カミーユ・スーラは、『生理学概論』第二版[2]において、ゴールドシュタインによる再検討の方向性を非常にうまく要約している。「反射行動は、反応においてどのように局在化されるとしても、一つの感覚的要素に対する一つの運動的要素の応答（英語圏の著作者の言うone to one〔一対一〕の対応）ではない。反射行動は、その最も単純な形態においても、一にして不可分な生物体の、環境からのある刺激に対する反応なのである」[3]。このようにしてわれわれは、状況の概念が刺激の概念へ、行動の概念が反応の概念へと置き換わろうとしているところに立ち会うのである。機械論的な反射学の時代は終わった。動物心理学さえ、同じ時期、行動の生得的モデルに関する研究——コンラート・ローレンツ（一九〇三〜八九年）とニコラス・ティンバーゲン（一九〇七〜八八年）の功績である——によって刷新されたのだ。

（1）のちに、メルロ＝ポンティ（一九〇八〜六一年）によって名を知られるようになった。K・ゴールドシュタインの著作『生体の機能』は、のちにP・フェリダの序言を付けて新しく出版されている。参考文献【64】。
（2）参考文献【65】。
（3）前出参考文献【65】、八七八頁。カンギレムはこの部分を『反射概念の形成』一六四頁で引用している。

カンギレムはこれらの研究に、一見したところそれらとは無関係に思われるジョルジュ・フリードマン（一九〇二〜七七年）の研究を結びつける。カンギレムは〔フリードマンの〕『産業機械化の人間的問題』に敬服している。この著作は、カンギレムによれば[1]、「社会的民族誌学を近現代の西洋文明諸形態に応用する最初の試み」であり、しかも、その試みは、専門的な観点（力学的、生物学的、社会学的）をすべて拾って倫理的関心――人文主義的哲学には「必ずや含まれるはず」――のもとで最善の判断を下そうとする「一流の哲学者」によって実行に移されたのである。

（1）参考文献【66】。高等師範学校の一九二三年次入学生であるフリードマン（カンギレムより一年上級である）もまた、高等師範学校では、とくに、「社会資料センター」の創設者であるセレスタン・ブグレ（一八七〇～一九四〇年）およびポール・ニザン（一九〇五～四〇年）とともに研究した。そして、ニザンとともに『マルクス主義雑誌』のリーダーとなることになる。フリードマンは、ライプニッツとスピノザに関する重要な書物の著者でもあるが、その知的生活を労働の問題にささげ、時代を画する多くの研究をなした。そのうちの一つが『細分化された労働』（参考文献【67】）である。カンギレムの論文「労働する人間の環境と規範」は、『国際社会学雑誌』（参考文献【68】、一二〇～一三六頁）参照。

労働を合理化して自動化を増進しようとしたテイラー・システムは、労働者たちの反発を買って失敗したが、この失敗の根源において見出されるのは、哲学的な性格をもつ理論上の誤りである。それは次のようなものだ。人間における個人とは、それなしでは自分の人生がすべての意味を失ってしまうようなある思想を持ち、その思想に応じて、自分の環境を作り上げるものなのである。[1] それなのに、そのように個々人に固有の性格を等閑にしてしまう、というのが、ここでいう誤りなのである。科学的に規定される環境を労働者に押し付けて、彼らの同意を得ようともしないのは、生物学的にも心理学的にも社会学的にも誤っている。このことは、精神工学者であれば心得ていることである。彼らは、企業側の利益に関してさえ、「個人としての労働者、すなわち全体的でかけがえのないものとしての労働者から出発する必要」を強調する。[2] 結論は次のようになる。「科学の名のもと、労働の活動を機械的な反射の総計に還元するならば、人間の労働は否応なく機械的でしかない作業に従属させられるに決まっている。

労働者が、自分が機械になることを実際に拒否することを考えれば、その固有の運動を機械的な反射に分解してしまうという理論的な誤りが証明されていると言えるだろう」

（1）前述のフリードマンに関する論文において、カンギレムは、皮肉でありながらも深い警句を発見している。そこには、スピノザの影響を見て取ることができる。「［フレデリック・ウィンスロウ・］テイラー（一八五六〜一九一五年）は自分が雇用する労働者たちに言った。『われわれは、あなたたちに考えることを要求しない』。このときテイラーは、粗野で野蛮なやり方ではあるが、問題の核心に迫っている。まったく不愉快なことに、考えなくていいと言われるときにはしばしば、そして思考するなと言われるときにはつねに、人は思考しないではいられなくなる」（一二五頁）

（2）前出参考文献【58】、一六六頁。

バシュラールを祖とする歴史的科学認識論は、その方法論的公理を再検討することによって、一つの哲学にまとめられる。それは、「機械的なものに対する生きているものの優位と、生に対する価値の優位[1]」を認めるような哲学である。科学史にしろ科学哲学にしろ、バシュラールから借りた公理のもとで仕事をするカンギレムが、それでも、彼独自の路線への「方針転換」を図るというのは、「生——自覚されて人間性となる——に関する価値論的哲学[2]」のことが念頭にあるからである。この哲学は反技術至上主義的であると同時に反科学万能主義的であり、バシュラールの主要な主張に対して、明らかに距離をとっている[3]。知識の進歩において、諸概念を修正していくことが果たす役割についてはカンギレムとバシュラールは完全に一致しており、カンギレムは哲学的考察と、ありのままの科学とを「近づけること」のために闘った。しかしカンギレムは、『否定の哲学[4]』における、哲学を科学に従属させるという有名な定式を認めないのである。彼から見ると、この定式はバシュラールを実証主義に「接近」させてしまう。その批判は次のような明瞭なものである。「バシュラールは、科学の歩みを記述して、その正当性を示そうというのに、科学を離れようとしない。［……］彼にとっては、科学と理性のあいだに、区別も、隔たりもないのである」。しかし、カンギレムにとっては、理性が科学に従うことも、理性が科学そのものであるということも、認めることはできないのである。さもないと、理性を拠りどころに概念の系譜をたどるという、哲学の大仕事を放棄することになってしまう[5]。科学だけがカテゴリーの使用法を構成し、「その唯一の基準となる」などと、どうして認められようか。

（1）前出参考文献【68】、一三五頁。
（2）前出参考文献【68】、一三六頁。
（3）参考文献【69】、前出参考文献【23】所収、一九五～二〇七頁。
（4）前出参考文献【42】、二二頁。
（5）前出参考文献【23】、二〇〇頁。

「思考と生物」と題され、『生命の認識』[1]の導入部となっているテクストのなかで、カンギレムはあからさまにではないが、厳密な意味で科学認識論的な企ての全体に批判の矛先を向ける。実際、そこでは次のような文が読めるのだ。「認識の働きに注意を払うあまり、その意味への配慮がお留守になる、というのが、認識という問題に取り組む哲学の全般的な特徴である」。そして、皮肉って言う。「認識の問題に答えようとしても、せいぜいのところ、知ることとの充足と純粋さとを認めるに至る、というのが関の山なのだ。だが、知らんがために知る、などと言われても、食べるために食べるとか、殺すために殺すとか、笑うために笑うとか言われているのと同じで、何の説明にもなっていない。知ることにも意味があるはずだと言いながら、同時に、知ること以外の意味はないと言っているのだから」

（1）参考文献【70】、九～一三頁。

そういうわけで、そろそろカンギレム自身の独自の哲学に手を付けることにしよう。カンギレム自身の哲学は、彼が医学の分野で取り組んだ諸問題を典型として、そしてまた、彼の歴史的科学認識論の独自の様相から、浮かび上がってくる。そこに見出される思考の流れが「反逆の青年時代」に固められたものと同じものであるとしても驚くには当たらない。その思考の流れが頑固に残っているということは、カンギレムがさまざまな領域に手を染め、思ってもみなかった分野に自分から身を投じることになっても、彼がその思想を捨てることはなかったことを示しているのだ。

一九三七年七月三十一日、第九回国際哲学会議の一環として、〔デカルトの〕『方法序説』出版三〇〇周年記念式典がソルボンヌで行なわれた。アンリ・ベルクソンが病気で欠席したため、式典ではポール・ヴァレリーがフランス学士院を代表して開幕の辞を述べた。式典には、アルベール・ルブラン共和国大統領（一八七一〜一九五〇年）とジャン・ゼー教育美術大臣（一九〇四〜四四年）も列席した。

当時トゥールーズ高校の教員で、医学研究を始めたばかりのカンギレムは、デカルトの思想のうち、最も見過ごされてきた側面に脚光を当てた。彼は、「デカルトと技術」(1)と題する発表を行なったのである。現在読み返すと、この発表はカンギレムの哲学についてひとつの鍵を与えている。そこでは、デカルトの思想に内在する革命が強調され、その本質的な困難――その困難を逆手に取って博士論文を書いてやろう、とカンギレムは考えたわけである――が指摘されている。

（1）参考文献【71】、八七〜九二頁。

『方法序説』について、カンギレムは「第三部」と「第六部」の鮮やかな対照に注意を促す。「第三部」は全体にストア主義的であり、人間の手ではどうにもならないことがあることを確認し、世界の秩序よりはもっぱら自分の欲望を変えるように要求している。それに対し、「第六部」の勝ち誇った調子からは「技術至上主義の信仰告白」「支配者の熱狂」が窺われる。こんにち、この手の精神を要約する〔デカルトの〕金言を誰でも知っている。すなわち、科学のおかげで、人間は「自然の支配者かつ所有者」

になれるというもので、「必然性についての知識を力に変える」とカンギレムは言い換えている。このような企てを胸に抱くことができるのは、自然から合目的性をすべて追い払い、神の摂理を全面的に否定し、物質から一切の質を剥奪する者のみである。この企てには、エミール・ブトルーの復元した永遠真理創造説がその土台を与えている。

自然を支配するという見通しに沿って、デカルトは、みずからの理論的関心に馴染む技術——光学機器のためのレンズ磨き[1]、機械製作術、医術、さらには農業、軍事、手工業で応用の利く数々の技法——に強く関心を寄せた[2]。しかし、「技術的関心をデカルト哲学の焦点のひとつに据え」、あとは、正しく根拠づけられた知識を応用して「生活に役立つ」技術の能率を上げていけばいい、というわけにはいかない。というのも、この企ては物質の予期しない抵抗にあって妨げられるからである。実践は、デカルト自身の打ち立てた法則に沿って望遠鏡を製作する場合でさえ、理論の完全性には到達しえない。ここにデカルトの思考の転回——逆転と言ってもいい——がある。その始まりは、『屈折光学』(一六三七年)においてすでに見られる。そこで、デカルトが望遠鏡の改良をねらって、屈折の法則からレンズのしかるべき形状を演繹できることを示していることは記憶にとどめておくべきだ。しかしながら、逆に、望遠鏡のレンズが屈折の法則の定式化に果たした役割をも単なる逸話として見過ごしてはならない。デカルト自身、技術の不完全性が確認され、拡大レンズの調整で「困難」に出くわすからこそ、新しい理論が探求され、そこから屈折の法則も派生したのだ、と書いている。カンギレムは以上のことから引き出した教訓を一般化して次のように述べる。「科学は技術から生じる。それは真理が有用性を体系化したものだというのでも、成功の記録だというのでもなく、反対に、技術上の行き詰まり、不首尾、失敗が人間精神をして人間技にはむかう抵抗について考えさせ、その抵抗を人間の欲求から独立した対象の証拠と見なし、真なる知識の探求へと向かわせるのだ(3)」

(1) 一九六八年から一九六九年の「科学と技術」の講義においてカンギレムは、デカルトと職人フェリエのあいだの、レンズの構造についての往復書簡を注釈し、さらに科学は「〔非科学的なもののあいだに〕組みこまれた活動」であると主張するウジェーヌ・デュプレル（一八七九～一九六七年）の主張を論じた。そこからカンギレムは次のように結論する。すなわち、科学とは、非科学にときおり付着するものであり、科学と技術の関係に取り組むには、非科学の研究をしなければならないと結論する。「応用」の概念を分析することで、カンギレムは、技術が科学の応用としてその下位に位置づけられるのは、後世の目から見た幻想によって似すぎないということを示している。とりわけ、科学至上主義的な考え方は、ある時代の技術が理論の応用によって改良されたように見えるという事実に、さもそれが普遍性をもつかのように主張するが、それは正当なことではないのである。

(2) カンギレムは、これを他の点では引用しつつ、一九二六年五月一日付の『フランス雑誌』のヴァレリー「オランダ回帰。デカルトとレンブラント」（参考文献【72】、八四四～八五三頁）に着想を得ている。そこでヴァレリーは、デカルトが一人でアムステルダムの港を散歩し、この外国の港の工業的活動すべてを注意深く観察する様子を想像している。

(3) このテクストは一九四三年の博士論文を「準備」するものだと見ることができる。

さらに、同じテクストにおいて、医師の仕事が手工業者の仕事に近づけられていることも明らかである。病んで視力の低下した目がなくては、『屈折光学』はなく、白くなって死を予告する髪がなくては、「科学的な」医学はない……。

「技術の優先は生物の要請である(1)」から、技術の躍進が理論家の許しを待つことはない。技術とは「創造」であると考えられなければならない(2)。これは「技術的活動と創造」というタイトルでトゥールーズ哲学会において行なわれた発表で確認され、厳密にされ、敷衍されたことである(3)。このテクストは科学万能主義に対する鋭い批判であり、『悲劇の誕生(4)』からの短い引用を駆使していることからして、ニーチェに着想を得ていることが窺われる。「科学の問題を科学の地平で解決することはできない……。科学を技術の視野から、技術を生命の視野から考察することが必要である……」。「可能にするために予測し、予測するために知る」というコントの定式とは、したがって、名高いものではあるが同時に人を欺くものである。実際のところ、技術は科学に先立つのだ。それは、技術的な問題が科学にその諸概念の素描を与えるという意味での技術至上主義ではなく、「科学的思想の飛躍的発展は技術上の失敗が条件となる」という意味においてである。科学は、「製作者の飛躍《エラン》」を阻む失敗や障害に対する反省として現われる。その例には事欠かない。たとえば、熱力学が洗練されたのは蒸気機関の効率の問題を解決するためだったし、パストゥールの諸理論にしても、産業の足を引っ張っていた技術上の未熟さ（ビールやワインの酸敗、蚕の病気、……）に応えるものだった。弾道の研究から出発したガリレオの事例を持ち出すまでもない。

（1）前出参考文献【71】、九二頁。
（2）前出参考文献【71】、九三頁。
（3）参考文献【73】、八一～八六頁。
（4）参考文献【74】。

技術、生産、創造とは、生物としての人間——自分を絶えず脅かす環境を作り変えようとする——に固有の歩みである。機械とは「実のところ、有機組織化——人間意識が認識せんと努力した、ある時点での成果を栄養とする——のための普遍的な努力の産物にほかならない[1]」のである。カンギレムはこの主張のベルクソン哲学との近さと遠さの両方を強調している。普遍的努力に帰すべき一つの同じ「飛躍」が、ベルクソンにおいては知性が出会う成功の事実という堅固なものに接触して動かなくなるのに対し、カンギレムにおいては努力の失敗に学んで、つねに新しい飛躍が生み出されつづけるのである。この発表の締めくくりを引用して、実証主義に反対するその挑戦的な物言いをぜひ聞いてもらおう。「想像してから認識する、それはおそらく科学的には理解不可能であろうが、だからと言ってそれがどうして哲学的にも理解不可能だということになるだろうか[2]」

（1）このような意味でカンギレムは、アンドレ・ルロワ＝グーラン（一九一一〜八六年）の諸著作、とくに『環境と技術』、および「地理学のフランス学派」（ポール・ヴィダル・ド・ラ・ブラーシュ（一八四五〜一九一八年）およびマックス・ソール（一八八〇〜一九六二年））に数多く、また厳密に言及しているのであろう。参考文献【75】。

（2）前出参考文献【73】、八六頁。

第四章　哲学

「自己とすべての事物は存在するか否か。それを選ばねばならぬ」

ジュール・ラニョー

オーギュスト・コントは、ベルナール・ド・フォントネル（一六五七～一七五七年）のことを「謙遜の美徳をもつあまり、誰かに仕えることをみずからに禁じた哲学者」として称賛していた[1]。ベルトラン・サン＝セルナン[2]がいみじくも指摘しているように、『生命の認識』の著者、カンギレムは、その判断の切れ味がどれほど鋭いとしても、同じく謙譲の美徳を備えていた。一九九〇年の十二月にパリのパレ・ド・ラ・デクベルトで、国際哲学会議の後援のもと、彼の栄誉をたたえる会を開こうと決めたとき、私の任務はカンギレムの古い弟子たちを代表して彼の同意を取りつけることであった。最初に彼はぶつぶつ不平を漏らしていたが、国際哲学会議に出席しなくてもよいという条件でならば、会の開催は「どちらかといえば嬉しい」と認め、それでも出席はご勘弁願いたい、とのことだった。彼はみずからの欠席を詫びるようわれわれにことづけ、自分でも運営会長に宛てて手紙をしたためた。それは短いながらも意味深長なメッセージだった。「私の歳では、いつもしてきたのと別のことをするのはできそうにありません。私がいつもしてきたこと、つまり、私の著作こそが私の仕事《メティエ》の足跡であって、それ以外のものを考えることはできないのです」。そして、お詫びとして「私のふるまいが明らかに粗野なことはわかっているのですが[3]」という一文を加えて文章を結んでいる。彼がここで、「手を使う、技術的な職業という意味での〕「仕事」という語を選び、〔知的・専門的な職業という意味での〕「専門職」という語を選ばなかったということには、重要な意図が込められている。カンギレムが目指していたものは専門職などではなく、彼がもっていたのは、やりとげねばならない任務に対する、しかるべき彼なりの流儀であった。したがって、カンギレムのこの態度表明は、専門職である教授による表明ではなく、哲学者による表明である。それも、以上のような教えを哲学そのものに接近させることに生涯を費やした哲学者の態度表明なのである。

（1）前出参考文献【23】、八八頁。
（2）参考文献【76】。
（3）参考文献【77】。

では、彼は哲学そのものについてどのような考えを抱いていたのだろうか。その痕跡は彼の数多くのテクストのなかに発見することができる。その最初の痕跡を探すとしたら、向かうべきなのはおそらく──修士論文の主題であり、ほとんど全テクストに登場する──コントであろう。もっとも、コントを選んだのはアランに薦められたからだし、いくつかの本質的な主張に関しては、彼は実証主義者の創始者コントと断固として袂を分かつのではあるが。一九五八年に彼は『実証哲学講義』を以下のように称賛しているが、これまでこの称賛の射程が充分に明らかにされてきたとは言えない。「コントは、つねに変わらぬ哲学本来の視点に身を置く〔……〕、それは、現実存在と行動の具体的な統合、という視点だ」(1)。その数頁あとで、彼はさらに次のようにつけ加える(2)。「医学は生命に味方する一つの態度である。コントの生物哲学は体系的にこの態度決定を正当化している」。確かに、体系的な正当化という同じ関心がカンギレムの哲学を活気づけているのだが、実際には、彼の正当化の前提はコントの前提とは異なり、コントの「事実崇拝」に与することはない。さらに、それは生命のロマン（ドイツ）的な哲学の前提とも異なっている。

（1）前出参考文献【23】、六四頁。
（2）前出参考文献【23】、七三頁。

カンギレムがもっている前提にたどり着くためには、おそらくテレビ放送で大きな反響を呼んだ討論会を参照するのが一番の近道かもしれない。それは一九六五年に「哲学と真理」[1]というテーマで開催され、放送された議論である。前回の放送でフランス中の哲学教師に向けて、カンギレムは哲学に真理は存在しないと主張し、物議を醸していた。だから、彼は次のように自分の考えを説明せねばならなかったのだ。「諸科学は真理を漸進的に規定していきますが、この真理に対して哲学がどう関係するかについては省察を巡らせることが必要でありまして、諸科学において下されるのと同じような仕方で、その探求に真偽の判断を下すわけにはいかないのです」

（1）G・カンギレム、M・フーコー、J・イポリット、P・リクール、A・バディウ、D・ドレフュスの対談。作者・監督はJ・フレシェ「哲学者の時間」シリーズ（16ミリ白黒、四九分、CNDP、一九六五年）。この対談の出版は、参考文献【78】。

ジャン・イポリット（一九〇七～六八年）は、これに対して「それでも、ある意味の全体性が哲学者には残されていて、それをわれわれの生から排除することはできません」と答えている。

それに対してカンギレムは「それは哲学の定義そのものです」と同意している。彼は高校の教師たちに向かって、みずからが哲学本来の仕事とみなすものを明確にする。「専門用語なり理論体系なりを、生きた経験のなかでどうしようもなく素朴に留まっているものと突き合わせてみる、それが哲学の仕事です。個別科学の思考と哲学的思考のあいだにある関係は具体的関係であって、抽象ないし特殊な関係ではまったくないのです」

「哲学する」ことが一筋縄ではいかないのは、さまざまな「専門的な記号体系」や「専門的な言語」に精通しなければならないからだが、それらは実に多様な科学や技術の言語にわたり、さらに一般的には、あらゆる人間的実践の言語に関連するかもしれないからだ。哲学者がわざわざそこまで苦労するのは、論理的なタイプの形式的分析、たとえば、科学的思考に関する分析にいわば外から手を染めずに、その思考形式を個々人の生きた経験に関係づけて判断したいからなのである。生きた経験のなかにある「どうしようもなく素朴」と言われるものは、本質的な一つの特徴を指し示していて、この本質的な特徴と比べると、文化的構成や概念的形成はつねに二次的なものにとどまる。「生きた経験」のなかには、あらゆる洗練に先立つ、何らかの生得的なものが存在する。その何かとは、人間と環境との話し合いであって、この環境とは人間を受け入れてくれる環境は言うに及ばず、人間が自分で自分に与える環境も含まれる。哲学が哲学であり続けようとするかぎり、この素朴な状況を決して「忘れて」はならない。そのためには、哲学者は個々の「専門言語」の代弁者にはなってはいけないし、たとえどのような観点から見た論理記号体系であろうと、個々の記号体系を称賛したり、押しつけたりする任務に就いてはならない。哲学することとは、「生きた経験のなかにある素朴なもの」を拠りどころに、これらの専門言語の正当性や記号体系の妥当性を問いただすことなのだ。哲学的反省がこの素朴な状況と結びついているとき、「さまざまな個別科学」もこの状況から逃れるわけにはいかない。それというのも、ある個別科学が哲学の関心を惹くとすれば、個々の「生きた経験」のなかに、何ものにも先んじて機能する人間的思考の形式が認められるからである。このような理由でカンギレムは、科学認識論《エピステモロジスト》の専門家的な哲学的発想すべてに対して警戒したのであって、[1] 哲学の手続きが専門的になっていくのは避けられないとしても、いやしくも哲学がその名に値するのならば、「大衆的な」性格をもたねばならないし、もっと正確にいえば、その性格を保持せねばならないと考え、何度もそれを口を酸っぱくして言っていたのである。

（1）本書一二二頁以降、私の「カンギレム先生との思い出を少しばかり」を見よ。

しかし、このテレビ討論会がもたらしたのはこれだけではない。正当にもアラン・バディウが「全体性」という語（イポリットがそれを用い、カンギレムがそれにお墨つきを与えた）を強調して、いくつかの事柄をはっきりさせた。「全体性とは、自然や宇宙、世界の側にわれわれが見つけるものではありません。この全体性は推し測ることしかできないのです。そして、ある全体性の内部で諸々の価値をお互いに突き合わせねばならないということは、まさしく哲学の固有の問題なのです」

「哲学的推定」というこの主張は、カンギレムという人物の実践を解明するのに決定的に重要だと思われる。というのも、彼はこの生きた経験という観点から、「専門的な言語と記号体系」を吟味にかけ、そこに孕まれる価値をあぶりだそうと躍起になっていたのであって、その作業を怠りでもしようものなら、専門分化の波に洗われて、生きた経験から「どうしようもなく素朴」な部分が削りとられてしまうと危惧していたからだ。

真理と哲学の任務に関するこれらの主張の全体は、すでに『論理学・道徳』[1] のなかで体系的なやり方で論述され、展開されていた。そこで登場する真理という価値は、たゆまない修正によって「実在」を規定する科学の手続きを規範づけるものとされている。古代や近代のあらゆる形の独断論は、それと負けないくらい多くの懐疑論の反応を活気づけたのだが、独断論はみずからの独断的な価値の支配力を「生のあらゆる領域」へ拡大しようともくろんでいた。「表象と行動の完全な合一を実現」する人間精神の性向にそそのかされて、知識の手続きを規定する力を握った真理は、「他のあらゆる価値を自分のなかに集約する」ようになる。『論理学・道徳』は、ウィリアム・ジェイムズ（一八四二～一九一〇年）のプラグマティズムの功績を認め、「価値をめぐる問題が正真正銘なものとなるとき、それは科学的真理を超えてしまうことに気づいていた」という点では賛同するものの、それでもジェイムズは非難されることになる。それは「どのような経験論にも多元主義[2]が伴うのだが、それに従って最も多様な「経験」（形而上学的、宗教的）が、どれも等しく有効性を主張できるような権利を回復する義務」があるのに、その結論にジェイムズが到達しなかったからだ。『論理学・道徳』の著者たちは読者に警告する。「決定的、絶対的に支配的な価値としてであれ、要するにおそらくは絶対的に実証的な価値としてであれ、」真理を唯一可能な価値としてしまうと、必ず危険な誤解が生じるであろう。

（1）前出参考文献【18】の第九章、「科学の価値について」とりわけ一七〇～一七六頁。
（2）ここではデュプレルの作品にさりげなく触れられている。とりわけカンギレムが高く評価した、『ブリュッセル大学紀要』の編集で一九三二年に二巻本で出された『道徳論』から参照した。一九四九年にデュプレルは『多元主義試論』をPUFから出版した。

「十九世紀の極端な科学万能主義」に対抗するために認識すべきなのは、行為が知識に先行するということであり、行為が初めに「あとさき考えず無鉄砲に」創造したものを、次に認識が理解するということである。ここには、カンギレムが一九三七年と一九三八年のテクストで展開した技術に関するテーマが、一般化された形で、再び現われていると言えるだろう。科学は補正機能しかもたない。その仕事は「減速機[1]」であり、創造的な力が失敗に突き当たることで科学が生み出され、今度は科学が失敗の危険を予告するのだ。

（1）科学や教育を問題にするとき、ラニョーはこれと同じ言葉を用いている。この言葉はアランを通して、カンギレムの思考に浸透し、残存したのであった。

したがって、カンギレムを科学認識論者《エピステモローグ》としてしか見ようとしない人びとは次の主張にびっくりするだろう。「科学の価値はまったく限定的なもので、ほとんど消極的なものである。それは用心を重ねて、慎重に正確な体系をつくるという価値である。この体系がたとえどれほど貴重なもの（それはきっと無限に貴重なものに違いない）であったとしても、それは自分自身では何も生み出さない」

「科学から予測へ、予測から行動へ」というコントの格言に対しては、人間の創造性を蹂躙し、科学的思考そのものまでも不毛にするものとして、今や異議申し立ての的となる。

すでに引用したが、ソルボンヌ大学の一九六六から六七年に行なわれた、まさしく行為[1]に関する講義でカンギレムは、コントが自明視して、疑おうとしなかった「知識に対する行為の従属関係」を端からやり玉に挙げている。『悲劇の誕生、あるいはヘレニズムとペシミズム』（一八六七年）でソクラテスを「理論的人間というそれまでは知られていなかった、ある人間的典型のモデル」として提示したニーチェを典拠にして、彼は次のように注釈する。「ソクラテス的人間とは合理主義的な人間である。進歩は、いわば、現実存在の変質のことなのだが、ソクラテス的人間とはその変質を知識の光の支配力のうえに根拠づけてしまうのだ」。このような人間の類型に対立するのがディオニュソス的人間であり、そのような人間はハムレットの同胞でもある。なぜならば、両者ともに次のような本質的なことを理解していたからだ。「知識は行為を殺す。行為にとって必要なのは、むしろはかない幻なのだ」[2]。カンギレムはヴァレリーをニーチェに近づける[3]。ヴァレリーは無知を行為開始の可能性の条件、いわば、投企《プロジェ》や誓い《アンガジュマン》と同じようなものとする。だからと言って、錯覚や無知が将来の成功や実効性を保証するわけではない。失敗から生まれるのは、無知であるという意識であり、この意識から錯覚が無理解であるという把握が生まれる。これに続いて、知識に関するある一つの主張が行なわれる。「行為の失敗による錯覚の意識とは、ある種の無知を意識することである。それは、失敗をきっかけにある種の知識を所有することであるか、あるいは、少なくともこの所有の見込みである」というのである。別の言い方をしよう。錯覚を訂正するなかで、知の意識が得られるならば、「知識の進歩の条件のひとつは〔……〕、行為が開始された途端、効力を発揮するために、行為が含んでいなければならないような真の知識の一部を行為があらかじめ見抜き、先取りしていることである」。

（1）署名があることから、カンギレムが一から起草したことが確かな学部生向けの講義は、FGEL〔文学部学友会〕の「哲学の学生グループ」の同意によって出版された。この分冊には「存在と知識の問題」に関するイヴォン・ブラヴァルの講義を要約した「教授による改訂を加えた学生のノート」も含まれている。この資料を閲覧させてくださった当時のカンギレムの秘書であるフランソワ・ルモワスネに謝意を表したい。
（2）前出参考文献【74】、七四頁。
（3）「行動するためにはものごとに関して無知でなければならないということ」前出参考文献【72】所収の『沈黙した事物』、一九三〇年第二巻、一六三頁。

周知のことであるが、カンギレムのテクストのなかには古典的な意味での「認識論」を精緻に組み上げていく作業などは存在しない。そのような真理の基礎づけの探求は、何らかのやり方で行為を知識に服従させようともくろむ哲学の枠内でしか意味がない。まさしくこのような試みこそ彼が拒絶したことなのだ。

彼のやり方はそれとは逆である。行為を起こすのに不可欠であった最初の錯覚に修正が重ねられていくことによって知識が得られるのだから、彼はこれらの錯覚が形成される諸条件を探求するのである。

この点に関しては、他の多くの点と同様、ラニョーの『講義録論稿集』[1]がカンギレムの念頭から去ることは決してなかった。彼は一九三一年の『自由語録』誌のなかでこの著作の再版（遺稿として）を歓迎していた。さらに彼は、最も美しく最も難渋なテクストの一つである、一九七二年のジャン・イポリットへの賛辞のなかで[2]、〔水中で〕屈折した棒というプラトンの例をまた取り上げて、この棒《バトン》をラニョーがアランに手渡したのだとしている。このことをカンギレム流に言うと次のようになる。「『水が棒を曲げるとき、理性はそれを矯正する』と言うラ・フォンテーヌが正しいのか、あるいは、曲がって見えるとき棒は曲がっている、と私の理性が確証することが正しいのか」

（1）ラニョーの『講義録論稿集』（一九二六年）はL・ルトリエ（一八五九〜一九二六年）が編纂した。
（2）参考文献【79】。

二つの実在が存在する。それは見られるままの実在と、屈折を考慮して見直される実在である。そこで判断も二つに分裂する。ひとつは、私自身の観点から下される「私の」判断であり、それは私から切り離すことはできない。もうひとつは、私から独立した実在を肯定する非人称的な判断である。錯覚、すなわち最初の推定は「誤り」として現われるが、しかし、この誤りは真に一貫しているのだ――「誤りは誤りとは見えないところにだけ存在する」（デカルト）。私には棒はいつだって曲がって見えるのであり、「実は」そうではないことを知っていたとしても、そう見える。バシュラール流に言うならば、「実在は判断の訂正のなかで承認される」のだ。

アランはラニョーと同様にデカルトとスピノザの卓越した読解者であり[1]、人間身体の生理学のなかに、とりわけその欲求から生じる誤りの条件を探求した。カンギレムはアランの才能を後世に示す著作の一つとして『思想と年齢』[2]をあげていたが、たとえばアランは、この著作の最初の数頁から、睡眠の生理学や〔夢などの〕夜になると訪れる「偽りの知覚」に専念している。彼は名高い一節で次のように結論づける。「どんなに幻想的な夢であっても、まずわれわれの身体という実在がそれに対応している」。そして、恐怖という根本的で、何ものにも還元することのできない感情であっても、それが分析の俎上にあがった途端、またもや同じことが言われる！　つまり、アランは恐怖について、恐怖に伴う身体的な現象という側面から分析するのだ。「〔恐怖を感じると〕呼吸の運動が深く乱れ、そうすると声や言葉も深く乱れることになる。さらに、心臓と呼吸のあいだには神経によって制御される従属関係があるのだから、筋肉の発する警報がすばやく伝達されて胸や喉の筋肉をひきつらせ、痙攣させることは容易に理解できる」[3]。さらに、アランは以上の身体的変化に加えて、脳の状態変化にも言及している。「恐怖を感じることで生じた血流が毒として働いたり、麻薬として働いたりして、脳をかき乱す」[4]というのである。確かに華々しい文体ではあるが、生理学の参照に関してはほとんど不明瞭なこれらの頁を読むと、若いカンギレムが医学へと身を転じたのは、みずからの最初の師の主張を支持し、議論するためであったことがわかるだろう[5]。彼が現代生理学の成果のなかに探していたのは、人間的心理学の生理学的根拠につながるような知識だったのだ。まさにそのケースに当てはまるのが、ゴールドシュタインの著作『有機体の構造』（一九三四年）であり、それはカンギレムの初期の研究のなかに最もよく表われる著作のひとつである。この著作は同時期にモーリス・メルロ＝ポンティの『行動の構造』（一九四二年）にもインスピレーションを与えているが、カンギレムはこの著作から、生物と環境の関係という根本的な考えを引き出している。「環境《ウンヴェルト》（Umwelt）は有機体の存在に合わせて世界から切り取られる。世界のなかに適切な環境を見出さなければ、有機体が存在できないのだから」と彼は考える。また、彼は環境という語の区別について考慮する。先ほどのウンヴェルト、これは各々の有機体に適した行動の環境のことであり、これはウンゲブング（Umgebung）とヴェルト（Welt）という語に対立する。前者は一般的な地理的環境のことで、後者は科学的世界のことだ。結論は次のように下される。「ウンヴェルトとは、ウンゲブングすなわち地理的な環境から選択的に切り出されたもののことである」。動物のウンヴェルトとは「生物の本質を成す生命価値の主体[6]」を中心にして広がる環境のことにほかならない。ここから「有機体の意味とはその存在である」というゴールドシュタインの公式が導出されるが、カンギレムはこれを完全に自家薬籠中のものとしている。この公式をカンギレムはみずからの哲学に合わせてひっくり返し、「有機体の存在こそがその意味である」と言い換える。生物の本性は自分で自分の環境をあつらえることにある。「生きること、それは参照の中心から環境を放射状に広げ、組織化することだ。しかし、この参照の中心それ自体〔生命〕に関しては、その意味を失うことなしに、参照することはできない」

（1）参考文献【80】。
（2）参考文献【81】、三～三二一頁。
（3）前出参考文献【81】、三四頁。
（4）前出参考文献【81】、三五頁。
（5）このことは、一九三七年になぜカンギレムが医学の研究を志したのかという質問に対して、引用した解答の正確な意味を同時に与える。それは「私が哲学に関して書物のなかだけの秩序についてそれまで得ることのできた知識に、経験の知識をつけ加えるためであり、その知識とは医学教育や、おそらくはいつの日か医学の実践で得ることができるような知識のことだ」という理由である。または、「私が哲学のなかで行なってきた研究を生理学の研究によって、そして同じく理の当然として、病理学の経験によって考察する」という理由である。アランの作品のなかで大きな役割を果たしていたにもかかわらず、多少なりとは検証されたかもしれないが、机上の理論にとどまっていた生理学と、カンギレムが採用した哲学のあいだには連続性が存在する、ということを補完のためにつけ加えておこう。

（6）前出参考文献【70】、三九頁以降。

彼はこの一般的な哲学的主張を具体的な分野の業績によって補強しようと心を砕く。その具体的な業績は、動物行動学、誕生期の動物心理学、同様に不当に無視されてきた神経生理学から借用されている。ヤコブ・フォン・ユクスキュル（一八六四〜一九四四年）の業績は、人間を動物行動学から扱うことに端緒を開いた。(1) 動物心理学については、カンギレムは好んでポール・ギョーム（一八七八〜一九六二年）を参照し、(2) イニャス・メイエルソン（一八八八〜一九八三年）がパストゥール研究所で収集した豊富な実験データを利用して、「形態の『切り取り』が動物と人間とで同じ形に沿うわけではない」ということを示そうとした。「人間に当てはまる事柄すべてが動物につねに当てはまるとは限らないし、また人間が認識できるすべての関係や側面を必ずしも動物が認識できるとは限らない」

（1）参考文献【82】。
（2）参考文献【83】。

ここから、一九五一年のセーヴルの国際教育センターにおける会議を締めくくる警句《アフォリズム》が導き出される。そして、この警句は翌年に出された『生命の認識』のなかでも繰り返されている。「ハリネズミがハリネズミであるかぎり、道路を横断するのではない」が、それは「道路というものは人間の技術の産物であり、人間的環境の一要素であって、それはハリネズミにとってはいかなる生物的価値ももたないからだ」。そして、この視点の反転は動物実験にあてつけた最初の教訓という形を取っている。「反対に、人間の道路のほうがハリネズミの環境、すなわち、その狩猟場や繁殖地を横断していると言える。同じく人間の道路こそがウサギの環境、ライオンの環境、ないしはトンボの環境を横断しているのだ」。大多数の現代生物学者の「常軌を逸したデカルト主義」に反対して、カンギレムはみずからが「生物学的意味」と呼ぶものを擁護する。生命を問題にするかぎり、それを把握しようとする科学者にとって、「生物学的意味」は欠かすことのできないものとなる。科学者が望もうと望むまいと、「知を構成して生命の本性を探ろうとするたびに、探られるべき生命が知を構成する側に戻ってくる」。まさしくこれが「生物学のパラドクス」である。

カンギレムはこれと同じパラドクスを例証するものとして、ラモン・テュロ（一八五四〜一九二六年）という忘れ去られたカタロニア人の生理学者による空腹の研究に注目している。『認識の起源』[1]という並はずれた著作のなかで、テュロは「私はお腹がすいた」という言明を分析し、この言明が指示するのは、幾千もの個別的な「小さな空腹」が合体してできた一つの「包括的な感情」であると述べている。このことは、ライプニッツ流のやり方で意識的知覚と無意識的知覚の関係を問題にすることに直結している[2]。カンギレムは食糧の自発的決定に関するテュロの研究を持ち出している。決定を下すものをテュロは「栄養的感覚性」と呼んでいるが、これは、内部環境の組成を回復するために摂取する物質に関して、有機組織が無意識的に抱く「認識」のことである。この「認識」が基づくのは、一種の帰納（「栄養的帰納」）であり、原初的と言われ、「心的な生の最も重要なもの」とみなされている。この無意識的な「認識」から構成される「経験を通じて、われわれは外部環境から有機体のなかに運ばれてくる物体のうち、他の不足ではなく、まさしくこの物質的不足を満たすのはどの物体かを知ることになる」。「人間は動物と同様に食料となる物体が存在することを知っている。意識が感覚によってこのことを学ばなかったとしたら、食料になるというこの性質を、ある物体に決して帰属させられないということは明らかである。しかしまた、この栄養不足には、この食料が必要だ、ということを認識するための手がかりが必要なのだが、その手がかりを与えてくれるのは感覚ではないこともまた明らかなのだ……[3]」

（1）参考文献【84】。
（2）一九五二年にカンギレムがアシェット社で監修した叢書を開始するために、彼が組みあげた「テクストとドキュメント」の『欲求と傾向』という巻のなかに、彼はテュロの作品から三つのテクストを取り入れている。ここでテュロはゴールドシュタインとともに最もよく引用される著者になっている。書物の最後の参考文献表のなかで、彼はテュロの名前に次のような注釈を付けた。「カタロニアの生理学者はバルセロナ市立研究所の教授であった。彼の仕事をいつも利用する人びとは決まって地味な部分しか引用しないが、それらの引用よりも、彼の空腹の機構に関する仕事のほうがすばらしい価値をもっている」
（3）一九八〇年四月二十九日にドゥルーズ（一九二五〜九五年）が行なったライプニッツに関する講義で、彼はテュロに感動的な賛辞を贈っている。「二十世紀初頭に忘れ去られてしまったスペインの偉大な生物学者がいた。その名はテュロ、『認識の起源』と題された本の作者である」。明らかにドゥルーズはテュロをライプニッツに近づけており、ライプニッツの微小表象の有名な理論を想起し、テクストに次のような注釈をつけている。「動物はどのようにしてなすべきことを知るのか。動物は感覚質を見て、襲いかかり、食らいつくのだ。あらゆる感覚質が食べられる。［……］意識と無意識の疎通というものは何とも奇妙なものではないか」

さて空腹に関するテュロの説は、アランが知覚についての講義や書物のなかで述べていた一般的な生理学の素描を、ある意味では延長し、修正している[1]。アランに言わせるなら、最終的には、錯覚が修正されて知識が構成されるのだが、この錯覚は環境と人間の交渉のなかに、換言すれば、行為の要素的形式に根ざしているのであり、生理学はこの環境と生物の交渉をあるがままに探求していく。つまり、開始すべきは要素的感覚からではなく、欲求からなのであり、欲求こそが生理学的思考の一つのカテゴリーなのである。「欲求はある決められた調整《レギュラシオン》へ向かうということであり、欲求の起源はこの調整を必要とする生理学的状態のなかにあることを理解するのはたやすい」とルイ・ブヌール[2]は書いている。そこから彼は「動物のふるまいは、一般的に、ある欲求を満たそうとする調整が外在化したプロセスにすぎない」と結論している。

（1）とりわけ二〇〇六年十二月にアラン研究所が出版した『哲学講義』（ルーアン、一九〇〇〜〇一年）を参照。この講義で用いられた数多くの例示には、生理学から借用された枠組みの面影が残っている。
（2）前出参考文献【34】。カンギレムは絶えずこの著作を参照している。この著作の最初の数頁は細胞説の歴史に関するみずから解釈をいくつかの批判にかけ（『生命の認識』を参照のこと）、治癒の概念に関してあれこれと自問している（同書、五七頁）。カンギレムの考えでは、マルク・クラインとともに彼は、カンギレムを変えたストラスブールの生理学者たちの一人で、それは彼らが「偉大な精神」の持ち主だったためである。

ここで繰り返しておけば、カンギレムが関心をもっているのは、価値とそのヒエラルキーをめぐるまったく哲学的な問題であって、心理・生理学そのものの問題ではない。とりわけ、それは真理の価値を他の人間的価値に対してどのように位置づけるかという問題であって、そのどちらも生命に根づいていることを考慮に入れねばならない。確かに「フランス知覚派」（ラニョー、アラン……）の「机上の」視点をとれば、自分の自律について問いを発することができるという、人間という生物の特殊性をうまく理解できる。しかし、どのようにすればこの「机上の」視点に実験的な知識を「付け足す」ことができるのか。周知のように、カンギレムはジャン・ノゲ（一八九八〜一九四〇年）の著作のなかにその支えを探している。ノゲの『感覚的なものの意味作用』[1]は、たとえば愛情の欲求などで、人格に先立って存在し、のちに人格に定着する傾向のある「対象」について、メーヌ・ド・ビラン（一七六六〜一八二四年）の「生理学者的な」議論を長々と扱っている。「あらゆる欲求は……ある対象に関係づけられるので、対象となる何ものかがなくてはならない。しかし、その何ものかがなく、われわれはそれを欠いている。欲求とは、その何ものかがわれわれに残した欠如や空虚の意識にほかならない」[2]。しかし、カンギレムがとりわけ拠りどころにするのは、モーリス・プラディーヌ（一八七四〜一九五八年）であり、長いあいだ、心理学者たちにとって権威であった彼の『一般心理学概論』[3]である。彼についてフーコーは、一九五〇年代の終わりに次のように書いている。[4]「フランスのみならず世界的な心理学でプラディーヌが果たした役割は、観念の歴史に初めて真に発生論的な方法を、すなわち精神の歴史を確立したことにあった。彼のすべての先駆者たちがやってきたように構造による説明を繰り返すかわりに、プラディーヌ氏は、心理学者のなかではただ一人、発生によって一から十まですべての説明をつくりあげた人物なのだ」。実際に、『一般心理学概論』は両大戦間期の彼の業績と完全な一貫性をもち、生物学的ではあるけれども、すでに精神的な構造を出現させる生命的システムとして心的現象を提示し、理性を行動の一産物として描いている。カンギレムは確かに『概論』で展開された唯物論的なスピリチュアリズムのやり方には賛同しなかったけれども、彼の考えからすると、少なくとも人間的価値を生命に根づかせると同時に、その価値によって自由を証明した点にプラディーヌの長所があるのだ。

（1）参考文献【85】。
（2）前出参考文献【85】、一九～三三頁。
（3）参考文献【86】。
（4）フーコーのテクストは、前出参考文献【78】、一二〇～一五八頁。

カンギレムは一九四七年にフリードマンの著作『産業の機械化に対する人間の諸問題』[1]に対する賛辞を贈っているが、その賛辞の根拠を示す議論はおそらく哲学に対する彼の考えを最もよくまとめたものになっている。「哲学者は普段から「産業の機械化」などという主題に関心をもたない。哲学者はそのような主題を一般的に専門家に委ねているからだ。フリードマンの最大の功績は、専門家の視点をできるかぎりすべて統合した点にある。彼は力学者、生物学者、心理学者、社会学者らの視点を相互に関連させたうえで、人文主義的哲学が必然的に含む倫理的関心のもとにそれらすべてを従わせ、「産業の機械化」という主題に判断を下しながら、各視点を全体的に把握している」。すべてがここに揃っている。すなわち「専門的な」言語に対する粘り強い調査と、「専門」用語の突き合わせを可能にする全体性を見定めること、つまり、何らかの人間観との関連から「専門」用語について判断を下すことである。ここには科学万能主義と技術至上主義という二つの並行する錯覚への拒絶が含まれている。第一の錯覚は、知識の進展のみから、人間のあらゆる進展を引き出し、命じるという主張に対応する。第二の錯覚は、「産業的な作業効率という進展のみから」社会のあらゆる進展を引き出し、命令するという主張に対応する。「産業的な作業効率は、機械と労働力の使用のみを考え、それらを同時に合理化することによって得られるのである」。カンギレムは次のように結論づけるが、その言葉が今もなおもっている現代的意義はあえて強調する必要もないだろう。「フリードマンの仕事は、構築し、強化すべき人文主義的哲学の運命を合理主義の運命から解放する点で、異論の余地なく哲学的功績をもっている。もっとも、ここで言われる合理主義とは、経験の数学化という手法を普遍的、体系的に特権化するという意味で理解された合理主義のことであるが」

（1）前出参考文献【66】をカンギレムはすでに前出参考文献【68】、一二〇〜一三六頁で引用している。

すべては連関している。人間が生物であればこそ、環境と交渉を続け、そこから生命的な価値も生まれる。それが有機体を通してプラスとマイナスに「分極化」するのだ。この分極化は意識的であろうとなかろうと、空腹や睡眠、性欲のような現象が証言するように、人間の有機体内で働く。しかし、人間は諸技術を発展させることで、この分極化を思考する能力を獲得した。環境によって提起された同じ問題に人間は複数の解答をもたらすことができるのだが、これこそ人間を特徴づけるものである。人間の場合、「解決の可能性が明らかに無制限ではない場合ですら、環境は決して一つの答えを押しつけようとはしない」。それというのも、欲望する存在である人間が、単に欲求するにとどまらず理性的存在であり、歴史的存在でもあって、価値や技術の創造者でもあるからだ。人間は純粋な物理的環境を認識するるのではない。想像力によって、人間は「望ましいもの」を思い描き、それによって意志を駆り立て、行為を導き、結局、行為の可能性に意味を与えるのだ。

一九四七年にカンギレムは、一九四五年三月にブーヘンヴァルトで死んだモーリス・アルヴァックスの追悼演説に呼ばれた。[1]カンギレムが取り上げたのは、なぜアルヴァックスが「デュルケムのパラドクス」――社会的事実を表象であるとしながら、社会的事実を事物として扱おうとする――を克服できたのか、という哲学的な理由である。その理由とは、「主観的総合を分解し、主観的総合に代えて事物の環境をおくことに、ある科学〔社会学〕の固有性がある〔デュルケムの主張〕というのが本当であるとしても」、「〔デュルケムとは逆に〕思考の集団的特徴をもはや再認できなくなるという犠牲を払うにしても、主観的総合に思考の独自性を保持したままならば」、思考が事物になることはない、というものである。アルヴァックスは「現在と同時に過去にも向か」わないような集合的表象は存在しないということを『記憶の社会的枠組み』[2]のなかで示し、社会学のなかに「新しい視点」を導入することができた。社会的、個人的、私秘的な現象の人間的な内実の全体が、哲学的な反省のおかげで学問のうちに戻ってくる。ここから、一般的な射程をもち、きわめて現代的な価値をもった倫理的・科学認識論的な指摘が導きだされる。「社会学者は、法則が知られている以上、外部から記述できる機械として人間を扱う誘惑からつねに逃れていたわけではない。しかし、アルヴァックスにはそのようなところはまったくなかった。おそらく彼はライプニッツの思考に馴染んでいたことから、個体性の実在までは認めないにしても、その価値をおろそかにすることはなかったのだ」

（1）参考文献【87】。
（2）参考文献【88】。

一九五五年に、[1]カンギレムは「有機体における調整《レギュラシオン》と社会における調整」の関係にまで問題を広げている。彼は社会と有機体の同一視と、逆に有機体と社会の同一視の長い歴史をたどっている。彼はここで、有機体と社会の同一視は、社会の治療や社会治療学という発想や、社会的困難に対する治療という発想から来ていることを結論づける。しかし、最終的に彼はこの考えに異を唱えている。「有機体の現実存在とその理想のあいだに、あるいは有機体の現実存在とその規則ないしは規範のあいだに、厳密な意味での違いは存在しない」という点で、有機体はまったく例外的なあり方をしている。「有機体の存在こそがその意味である」という先ほどの格言を思い出すことにしよう。有機体の理想は、有機体そのものなのだ。ところで、社会の現実存在に関しては言えば、事情はまったく異なる。「社会の無秩序と混乱は、困難と改革のあいだにまったく別の関係を出現させる。というのも、社会については、社会の理想的状態あるいはその規範とはどのようなものなのかが議論の的なのである」。この意味で社会の合目的性は、まさしく人類の重要な問題の一つなのである。

社会は組織ではあるが有機組織ではない、と彼は主張する。社会は固有の合目的性をもたない。「それは一つの手段なのだ。社会は有機体の種類に属するというより、むしろ機械や工具の種類に属すのである」

（1）『全イスラエル同盟雑誌』（九二号、一九五五年九〜十月、六四〜九一頁）により出版された会議。『機械と哲学』の著者シュル（一九〇二〜八四年）の招待により、この会議でカンギレムはみずからの考えを述べた（参考文献【89】）。

そしてこのことが、アメリカの生理学者ウォルター・ブラッドフォード・キャノン（一八七一〜一九四五年）が言う「からだの知恵」と同じ意味での「社会の知恵」が存在しない理由なのである。[1] 自発的に生じてくるような社会的正義は存在しない。なぜならそこには自己調整《オートレギュラシオン》がないからだ。「危機」は社会の正常状態の姿をしているのだ。そのときまさしくカンギレムが訴えるのはベルクソンであり、『道徳と宗教の二源泉』（一九三二年）の英雄たちの呼び声なのである。

（1）参考文献【90】。カンギレムはこの著作を次のように紹介している。「W・B・キャノンはハーヴァード大学の教授であり、苦痛や空腹、恐怖、怒りにおける有機体の変容の有名な研究の著者である（参考文献【91】）。そこで、キャノンは情動と内分泌腺の関係を研究している」。キャノンはホメオスタシス概念の発案者の一人で、一九二九〜三〇年にパリに滞在した。

一九七四年に『ユニヴェルサリス百科事典』が出版される際に、カンギレムは「調整（科学認識論）」という項目で、同じ問題を新しい基盤のうえで捉えなおしている。彼は十八世紀から始めて、「調整」という概念の歴史を見事な手腕でたどっていき、その歴史のなかでテクノロジー（時計製造）や物理学（天文学）から生理学（ラヴォアジエ）に至るまで、意味の諸要素が何重にも形成、変形されてきた様子を追跡する。そして今度は、この概念の政治・経済学への導入を論じ、より一般的には社会的現象を考察している。彼は生物的有機体と社会組織を——対立させないまでも——区別すべきことを強調する。後者は、前者と違って、「いつまでも途上にある試行という姿、つねに未完の計画という姿をしている」のである。有機的欲求が直接的な因果性をもつのに対して、社会のなかにはそのようなものは何も存在しないことが確認される。「社会では、欲求は表象や意見や権利要求の計画のなかで媒介される」。この確認から出発して、経済学者フランソワ・ペルー（一九〇三〜八七年）のように、「意見調査、統計、意思決定を器官《オルガン》」として用いることで、ある計画を何らかの形のもとに洗練することを望むこともできるだろう。

おそらくこれらの新しい「探知器官」は現代社会の欲求をよりよく知ることを可能にするだろう。「しかし、各個人は統制された社会がどのようなものであるべきか、各人が自分で考えるにせよ、教えられるにせよ、その考えは社会的事実そのもののなかにある。人間社会は考える存在者からなる社会であり、各成員が実在について、価値について、判断を下すことができる。実在は一つであるが、価値は多様である」

五月革命（一九六八年）を念頭に置いてか、このテクストの結論はただちに政治的なものとなっている。クロード・レヴィ＝ストロースは近代社会が「身分的格差や条件の違いを廃止する……」のに至らないのに対して、「未開」社会において集団的生活は「平等な一体感からなる贖罪の儀式」によって支配されると主張していたが、カンギレムはその説を想起しながら、「西洋社会で異議を申し立てる若者に共通してみられる最近の形態」が示すのは、「西洋社会が自己統制を求めつつも失敗したという証し」ではないのかと自問している。彼の仮説にはなるほど皮肉も混じっていたが、正当なものであることがのちに認められた。「若者共同体における生活スタイルのいくつかから、時代錯誤《アルカイスム》の様式への回帰を通してであれ、ノスタルジーを通した革命であれ、旧社会機構から失われた統制を取り戻そうという動きを見ることができる」

おそらく彼がみずからの倫理を言明することにまで踏み込んだのはただの一度だけ、一九八〇年十二月のMURS（科学の責任を求める世界的運動団体）の招きによって、ソルボンヌ大学のグラン・アンフィテアトル〔階段教室〕で講演を行なったときだけだろう。(1) この講演は『脳と思考』に関るものであった。

そこでカンギレムはみずからの思考全体を俯瞰し、自分の分析と態度決定の統一を導くという人間像を肯定している。聴衆には「裏で企まれるものであれ、おおっぴらにされるものであれ、とにかく扇動から は身を守って、人びと《オン》が望む通りに思考しないように」と呼びかけた。このわれわれを思い通りに操ろうとする「人びと」というのは、政治的かつ技術的・経済的な諸々の「権力」すべてを指す。歴史的には、まずフランツ・ヨゼフ・ガル（一七五七〜一八二八年）の骨相学、すなわち脳の最初の局在論[2]から始めて、次に十九世紀の後半に、脳研究に関する新技術（ガルヴァーニ電流やファラデー電流）に力を得たきわめて実験的な神経学が発展したという流れをたどってみなければならない。以上から心理学は「生理学の影法師でしかない」と宣告する任務を負ったのは、フランスでは、イポリット・テーヌ（一八二八〜九三年）とテオデュール・リボであった。これに抵抗して面目を施したのはピエール・ジャネ（一八五九〜一九四七年）である。「心理学を脳の研究に帰属させることで、人びとは過大な主張をしてきた［……］。われわれが観念と呼んでいるものは、行動の全体であり、われわれが心理学の現象と呼んでいるものは、全体としてとらえられた個人のことなのである。だから、われわれは脳で思考するのと同じく手で思考し、胃で思考し、全体で思考すると言える。言い換えれば、バラバラに考察してはならないのだ[3]」

（1）『プロスペクティヴ・エ・サンテ』誌（十四号、一九八〇年、八一〜九八頁）。前出参考文献【77】に再編されている。

（2）参考文献【92】。F・シュールが二巻本に装丁した。コントは何点かの修正をつけながらも、そこに最初の「人間本性の科学理論」をみた。カンギレムは叢書〈ガレノス〉にランテリ＝ロラ（一九三〇〜二〇〇四年）の著作を入れている（参考文献【93】）。

（3）P・ジャネ『コレージュ・ド・フランス講義録（一九二三〜二四年）』、カンギレムは前出参考文献【77】、一五頁でこの著作を引用している。

「神経心理学」の歴史は現在にまで及んでいる。カンギレムの指摘によれば、誇張のせいで不適切にも機械が「知的機械」や「人工知能」であるかのように示されているのだが、このような機械の発展によって神経心理学の精神への支配力はさらに強まっているのだ。

発明に関して「人間の脳を越える」研究や、人間の脳に取って代わろうとする研究に見られる剥き出しの野心に対してカンギレムは反論する。「論理が空虚だという意識なしに、可能性へ向かう緊張なしに、間違う危険をおかさずに、いかなる発明もあり得ない。[……] 発明することとは、情報を創造することであり、思考の習慣や知の停滞を打ち破ることなのだ[1]」。いつの日か「アイデアを閃くような」論理的自動機械や「着想の詰まった錠剤」が存在するようになるだろうか。ニュートンやポアンカレを読み返してみれば、人間の思考は意味の宇宙のなかでしか着想されないことがわかるだろう。「思考することとは、意味のなかで生きることなのだから、話すことが意味することとなり、わからせることとなる」ような言語こそが人間の言語なのである。これ以上ないほどの正確な説明を用いれば[2]、「意味とは……のあいだにある関係のことではなく、……への関係のことである」。知性をもつとされている機械が確立するのは「データ間の関係であるが、定義によって、機械の利用者が自分で生み出す関係から出発して、利用者自身で設定する目標への関係を機械が確立することは決してありえない」。ここでカンギレムは、人間にとって思考することは「世界内存在における自己意識」を前提するという、絶えず彼の哲学的テーマの一つだったものを再び見いだしている。カンギレム自身の雄弁な言葉に耳を傾けよう。「この自己意識は主体としての私を表象するものではなく、権利の要求なのだ。というのも自己意識の現前は「人びとの思い通りに考えてしまうことへの」警戒であり、もっと正確には監視なのだから」。ここでようやく、デカルトやスピノザといった人物たちのあいだで交わされる論戦という形をとって、論理を展開することが可能になる。論争はスピノザの勝ちである。それはオランダの連邦総督であるヤン・デ・ウィット（一六二五〜七二年）が殺害された際、デカルト的慎重さなどものともせずに、「現前＝監視の主体的機能」を発揮し、思想の自由を堂々と擁護して、みずからの著『エチカ』の幾何学的決定論に背くことさえ厭わなかったのだから。

（1）前出参考文献【77】、二一頁。
（2）ジョルジュ・カンギレム・センターで講演されたA・ウタケルの論文（参考文献【94】）を見よ。ブロンシュタインが監修した叢書に収録されている。

カンギレムは結論で、優れて道徳的な性質として慎重さを讃えているが、このときおそらく彼は自分のことを述べているのだ。哲学の任務は全面的に批判的なものであることが判明する。万が一に備えて脱出の可能性の条件を自分に残しておこうとする「我《われ》」の慎重さを擁護しなければならない。神経生理学の動向について言うならば、哲学は「思考が最終権限として有する慎重さという能力を思考に禁じようとする」外部からの脳へのあらゆる介入に反対しなければならないのだ。

この倫理の最後の言葉をここで繰り返しておくのがよかろう。「哲学的な慎重さは隠れ家でも聖域でもない。それは権限の保護である。承認や同意の一時中断は自閉でも拒絶でもない」

第五章　哲学を教えること、教えることの哲学

「たとえば現実には希望が存在しないことを理解できなければならないが、それでも現実を変える決意をもつことができなくてはならない」

フランシス・スコット・フィッツジェラルド

（一八九六〜一九四〇年）[1]

フランスでは、哲学教育の研究は「教育システム」と呼ばれるもののなかでかなり独特の位置を占めているのだが、カンギレムは、この哲学を教えるという奇妙な仕事についてあれこれと問いかけるのをやめなかった。この問いかけは、教育と教育方法に関する根本的な反省へと続いている。彼はこの反省を教育行為から決して切り離そうとせず、それによって自分の哲学を完全に貫き通したので、その行為のなかで個人的に責任のリスクを取ることになった。彼は権力への嗜好やアカデミーの栄誉といったものに決して動じず、むしろそれらを日頃から皮肉の対象にしていただけに、ときとして責任が重くのしかかることがあっても、彼は揺るぎのない厳しさで責任を引き受けた。[2] 個人や集団生活のなかで得られる自由は一時的で脆いものだとしても、ある程度の自由が進展するかどうかは、つねに哲学が適切な仕方で教育されるかどうかにかかっている、というのが彼の確信であった。このような教育分野で展開されたテクストは数多くある。まず、一九三〇年代の初頭に高校で教えるようになっ

てすぐに彼が書いたテクスト、次に、一九四八年から一九五五年まで彼が視学総監として作成したテクストがあり、その期間に彼はアシェット社で〈哲学のテクストとドキュメント〉というシリーズを創刊している。そして最後に、彼の自由な考察によるもので、彼の直接的な仕事の枠外で推敲されたテクストがある。

（1）参考文献【95】。

（2）カンギレムはとくに哲学の視学総監であり、教授資格試験の試験官の議長であった。彼は一九五〇年にユネスコによって、「さまざまな教育システム［ドイツ、イギリス、キューバ、エジプト、アメリカ、フランス、インド、イタリア］における哲学教育の位置について、哲学教育の行なわれ方について、それが市民教育に果たす影響について」の調査を行なう任務を負った。この調査の結果は参考文献【96】に所収されている。

最後にもう一度だけ、一九三〇年に教授資格を取得したばかりのカンギレムの青年期に戻ることにしよう。一九三〇年の二月から五月まで、彼は大学入学資格試験での哲学の科目への対策として論文を三つ作成した。そのうち最後の論文は、グルノーブルのアカデミーが一九二九年七月に出題した「数学的確実性、実験的確実性」を扱ったもので、お手本として生徒に披露された。

任命されるとすぐに、大学入学資格試験で出題された数々の論題のなかに明白に表われている哲学教育の構想に対して、彼は非難を表明した。彼はそれらの論題を体系的に検討し、みずからの構想と対峙させたのである。『自由語録』誌（一九三〇年二月二十日、四月二十日）で、彼はみずから「試験の試験」と呼ぶものを実施し、一九二九年の七月分と十月分の試験について判定を下した。「哲学に限って言えば、受験生の出来の悪さと、出題された論題の質それ自体のあいだに、強い連関があることは明確だろう」。トゥールーズでは「汎神論の主要なテーゼを明らかにし、もししかるべき理由があれば批判せよ」という問題が生徒に出され、よそでは「実証主義とプラグマティズム」について出題されたり、「観念論のさまざまな形式」について出題されたことが述べられている。これらは「まったく忌まわしい」論題であると彼は憤る。それというのも、このような論題について、知的な文章を二〇行以上も書くことをどうすれば生徒に要求できるというのか。こんなことができるためには、「哲学的精神の内に完全にひきこもる」ことが必要である。「大学入学資格試験の小論文に真に適う哲学の課題」というのは、学説を対象にするのではなく、問題を対象にせねばならない。それというのも、そもそも哲学とは「解決からできているのではなく、問題からできている奇妙なもの」だからだ。例をあげてみよう。「判断における意志の役割とは何か」（クレルモン、一九二九年十月）、「情動とは何か」（ディジョン、一九二九年十月）。一九三七年、トゥールーズの最終学年で彼の生徒であったジャック・ピクマルによる証言のおかげで[1]、われわれはカンギレムがその数年後に自分のクラスでどのような種類の論題を与えていたかを知ることができる。「あなたにとって自分とは何か。あなたは自分について何を知っているか、そして、いかにしてそれを知ることができるか」あるいは「魂を有するということはどういうことか。身体を有するということはどういうことか」

（1）カンギレムは、『医学史・生物学史の試論と講義』（一九九三年）〔前出参考文献【54】〕の序文で、ピクマルに関して、高校教育の数年後に哲学の教授資格を取り、一九五八年にCNRSの研究員になったのち、ソルボンヌ大学の助手になり、最終的にモンペリエのポール・ヴァレリー大学で専任講師になった、と思い出している。カンギレムはすでに相当に齢を重ね、F・ドラポルトの助けをかりて、非常に注意深い作業によって、ピクマルの呼吸に関するいくつかの研究と偉大な講義を「清書する」ことを強く望み、その当時、われわれがPUFで監修していた叢書から出版するために、原稿をわれわれに、すなわちÉ・バリバールと私に託した。

哲学のすぐれた教育は、「本物の哲学者を読むこと」に支えられているが、それは教師の個人的で筋の通った考察にも支えられたものであり、そのような教育は生徒たちに「哲学が学ばれなければならないのは、学校教師が好んで教育プログラムに哲学を入れたがるからではない。そうではなく哲学が自分たちの日々の思想や行動に関るものだからである。要するに、人間であるかぎりわれわれはアダムやキツネザルの子孫ではなく、ソクラテスとデカルトの子孫なのだ」ということを悟らせる。カンギレムによると、このような教育は高校教育のなかに限るべきではない。文学でも哲学でも、大学教育は「多くの場合、専門家の学説を陳列したものではないし、またそれを学術的に吟味したものでは決してない」からだ。

ラニョーとアランの着想と実践の直系として身を置いて、彼はいつも通りの激しさで、現行の教科書の主張に食ってかかっている(1)。

(1) ソルボンヌ大学の教授であったカンギレムは、階段教室の講義をする際に、完全な原稿を作成していたが、この講義という枠組みでは、「前もって何らかの読解」を行ない、それを学生に伝える以上のよい方法はないと考えていたのだろう。反対にゼミでは、彼は「くつろいで」いたが、厳密に選ばれた聴衆は強い感銘を受けていた。科学史や医学史といったしばしばきわめて専門的な研究主題に関して、逆説的にもソクラテス的な教育を行なうという理念を再発見したのだ、と彼は言っていた。

大学入学資格試験への非常に厳しい批判を通して、高校や中学という中等段階で行なうべき教育に関する正確な構想が素描されている。中等教育では、哲学的考察そのものへと生徒を可能なかぎり到達させなければならない。これが文字通り「超人的な」仕事であることは、大人数のクラスをもってみればすぐわかる、と彼は述べている。真面目に取り組むなら二年はかかるほどの教程に従って教えなければならないのだから。

一九三二年に、彼は教授資格試験について書いた小論を嚆矢《こうし》として、改めてこれらの問題に着手している。その論調は、苛立ちから弾劾とは言わないまでも、激昂へ——ときおりいささか不当さが見られないわけでもない――と至っている。[1] 彼は選抜試験に合格したのちでもなお、それ以後のテストに関して見解を述べる義務があると考えている。冒頭の一節を読めばカンギレムが何を言いたいかはわかる。「合格者の全員が『あとは野となれ山となれ』と言わないにしても、おそらく多くは、自分が合格した試験の有効性をみずから批判しても得にならないと考えるだろう」

（1）参考文献【97】。

カンギレムは試験で指定される哲学者の選定に異議を唱える。カント？　デカルト？　うんざりだ！　彼はそれまでコント、ヘーゲル、ニーチェやシャルル・ルヌヴィエ（一八一五～一九〇三年）がいつも排除されてきたことに驚き、遺憾の意を表明している。彼は、教授資格試験を通れば就くことのできる高校教師という職業に求められる逆説的な資質に対して注意を促す。「教授はみずからが真と信じる学説を選んで教えるべきで、その点では独創的であってよいのだが、同時に生徒を導いて一連の形式的な質問に答えられるようにしてやらなければならない」。大切なのは「待遇、昇進、勲章だけを考えている官僚を補充する」ことなのだろうか。むしろ目的は、生徒を「自由な探究、あらゆる外在的な掟とは無関係な」哲学へ到達させることであるはずだ。彼はみずからの生徒を擁護するために視学官と論戦して、「専門分化への対抗策として判断の大切さを教育する必要性を認めること」と「そのリスクを受け入れること」を彼は要求する。『論理学・道徳』[1] のはしがきでカンギレムとプラネはこのような視点をさらに先へ進めている。「生徒を哲学的考察へと到達させることが大切なのだ。このような反省を実践してきた巨匠の著作に見られるように、哲学的反省はいくつかの原理の研究や、最終的にはその原理の選択で成り立っている。この原理は、情報の価値を評価することを可能にせねばならないし、一見したところ最も多様な意見を判断することを可能にしなければならない。原理の選択そのものの正当性は、それが可能にする諸判断の整合性とそれが精神に保証する統一性とで測られる」。哲学教育の教育的価値はまさしく、「このような統一性のセンス」を生徒のうちに引き起こすことにある。ここから、『論理学・道徳』の断固として体系化に向かう性格が出てくるが、ここで著者たちは、そのような教育法の可能性を「実例によって」示すのが望ましいと述べている。現実に、その実例となった高校教育に関しては次のような証言が残っている。それによると、この教育法がどのような形で使われるかに関してはきわめて自由であったが、この教育法の革新を国の悪名高い授業計画に根本において合わせるために、具体的かつ方法的で詳細な配慮が払われたということである。小説家ジョゼ・カバニス（一九二二〜二〇〇〇年）は、一九三九年十月のトゥールーズでの哲学教授との出会いについて非常に見事な一節(2)を書き残している。

（1）前出参考文献【18】。
（2）参考文献【98】。トゥールーズの高校時代をカンギレムに「幻惑された」生徒として過ごしたカバニスは、次のようにも書いている。「私が彼に学んだことは、世界を好奇心の眼差しで見ること、あらゆるものの意味に迫ることの興味深さを理解することであった。なぜ、それが何になるのか、といった問いについてさらに問いをたてること、どんなものに関しても問題提起すること、これらのことは少しも怠るべきではない。これこそが彼がわれわれに教えてくれたことなのだ……」

新学期の初め、われわれは恐ろしさで凍りついた。彼はどんな小さな音にも目くじらを立て、ぼんやりする生徒も、よそ見をする生徒もまったく容赦しなかった。数か月がたってみても、この世で一番理解力に富む人間がわれわれ一人ひとりの目の前に立って、注意を凝らして覗きこんでくるものだから、われわれとしては息が詰まってしまった。われわれは何でも自由に論じることを許されたが、どんな論題に関しても、彼がそれをうまく取り入れ、知性のスペクタクルを演じるさまをわれわれは目の当たりにすることとなるのであった。私はこの源泉から美酒を飲み、まったく酔ってしまったのだった。

カバニスの二年先輩で同じくカンギレムの生徒であったピクマルも同じような証言を残していて、カンギレムが年々調整し、改良した教育的方法を正確に描いている。ノートは使用禁止だったが、講義内容を口述筆記したものを配ってもらったり、テクストのコピーを配ってもらったりした。配布物はファイルにとじてきちんと整理しておくことになっていたが、そうはいっても、それらを個人的にどう整理するかは各人の自由で、また自分で適切だと判断したもの（資料新聞や雑誌の記事、本の一節……）を外から持ち込んで、資料を増やすようにすすめられた。ピクマルは彼の思い出を書いている。「われわれの先生は、『哲学では、柔軟で、何でも納めることができて、無限に開かれた資料庫が必要なのだ、なにせ、哲学には人間の現実存在がまるごと関ってくるのだから』と力説した。そのような資料庫を作っておけば、望むならば、高校を卒業しても使えるのだ」

一九五三年に、叢書〈哲学のテクストとドキュメント〉の紹介文のなかで、カンギレムはこれが高校最終学年の生徒に向けたものだと述べているが、実際には、少なくとも同じくらいその教師に訴えるものだった。そこでは、視学総監カンギレムが、哲学教師に哲学の教程を我がものとするように勧めているのを見ることができるだろう。彼は「フランス教育の伝統では、哲学の授業計画には数々の問題が含まれているが、それらの問題が強制的に試験に押しつけられることはない」ことを思い起こさせ、「授業計画の変遷に対する哲学の独立」を強調する。「問題としての哲学」こそが、何よりも優位に立たねばならないのだ。そこから、正確に定式化された問題（たとえば「欲求と傾向」）を中心に、哲学史の古典と、そのような大哲学者の教えに栄養を与えてくれる科学・技術史の資料[1]——最新のものも含めて——とのあいだで、規則的に往復運動をする必要が出てくるのだ。

（1）この小さな叢書の全巻が、『科学史』にあてられた二巻を含めてこのような性質を示している。

一九九〇年五月十日に最後にもう一度、カンギレムは慎重さから脱して、「ジャン・カヴァイエス学会」で「こんにちフランスにおいて哲学者とは何か」という題の講演を行なった。この問いかけは、二つのタイプの新しい哲学者の出現から、彼が思いついたものである。一つのタイプは、「哲学者兼作家」あるいは「作家兼哲学者」[1]としてジャーナリズムに現われた哲学者たちである。もう一つのタイプを代表するのは、アラン・エチェゴイェン（一九五一～二〇〇七年）で、高校で教えながら企業相手のコンサルティング会社の専務取締役も務めるという肩書を利用して、自署『会社は魂をもつか』（一九九〇年）の販売促進をもくろむような哲学者である。カンギレムは、哲学者兼作家については、作家として認められたいというジャーナリストの欲求の表われにすぎないのではないかと疑い、ジュリアン・グリーン（一九〇〇～九八年）を引き合いに出して槍玉に挙げている。彼は「書くことは精神の絶対的自由であり、書くことで精神世界の唯一の主となれる」[2]などと述べているけれども、いったいどんな哲学者が「世界の主」を自称しようなどと思うだろうか。確かにカンギレムは、青年時代にアランやヴァレリーが哲学的テクストを読む喜びを与えてくれたことに感謝していた。しかし、哲学自体に必要な努力は、作家の自由な創造と同一視はできないだろう。たとえ創造にも産みの苦しみが伴うのだとしても。

（1）J・ブーヴレスはこの二重の名称の裏にある底意について皮肉っている。参考文献【99】。

(2) 参考文献【100】。

「専務＝哲学者」、すなわち「企業の魂」の著者に対して、カンギレムは技術、労働、企業に関する考察の伝統がフランスに存在することを指摘している。その伝統は、アルフレッド・ヴィクトール・エスピナス(一八四四～一九二二年)からジョルジュ・フリードマンを経て、ジルベール・シモンドン(一九二四～八九年)へ、次にフランソワ・ダゴニェ、ジャン＝ピエール・セリ(一九四一～九四年)、イヴ・シュヴァルツへと連なるものである。彼はまた、この伝統の精神的な源流がライプニッツ(1)であることを見抜いたのはイヴォン・ブラヴァル(一九〇八～八八年)の慧眼であるともしている。「経営者、労働組合、社会保障、外国との競争に関するメディアの決まり文句をひとたび取り去ってしまえば、残っているのは、企業が率先して物事を行ない、冒険をし、リスクをとり、集団的に活動し、闘争に開かれているということだ。企業が技術者や経済学者の分析の対象であるだけではなく、個人であれ、集団であれ、強制的に諸規則に従って仕事や行動をする場であるかぎりで、企業を批判的で規範的な吟味、したがって、正真正銘の哲学的な吟味にかけることは可能であるし、重要なことだ」

(1) 参考文献【101】【102】。

企業が哲学の対象となることを具体的に明確にするためには、教師の哲学をわざわざ卑下する必要はないし、哲学者と経営者《マネージャー》を混同する必要もない。

カンギレムが哲学教育をこえて、教育に関する全般的構想を思案していたことは驚くべきことではないだろう。そのような構想を人びとはつくることができるし、正確に言えば、つくるべきである。彼が教育に求めることはいつも同じで、およそ半世紀間、彼が教育を続けるなかで、幾度となくその要求を繰り返した。

彼が何を求めていたかは、一九三〇年六月十二日のシャルルヴィルの講演ですでに明らかである。彼はイポリット・テーヌの土俵のうえで語っているのを忘れていない。彼は「あのテーヌ」という語を二度ほど発しているが、それは『知性論』（一八七〇年）の著者をより巧みに拒絶するためにその名を出しているにすぎない。どのような教育も、ある人物像を目指すものだが、「人種も、環境も、時代も人間を定義するのに充分ではない」。プロタゴラス、ゴルギアス、カリクレスといったソフィストは自分たちの言葉や時代に合わせて人間を定義しようとした。そして、ソクラテスはそうしたソフィストの本当の姿を語ることができた。彼らが再構成した人間に欠けているものとは思考にほかならない。「思考が足りないことは小さなことではすまない、という判断は正しいものである。なぜなら思考が欠ければ、真理と正義も欠けることになるからであり、真理と正義は事実ではなく思考であり、結果ではなく行為だからである」

したがって、教育とは、自由に判断して、生活のなかで真理と正義を確実にわきまえられるようになるための努力、と定義されるだろう。この努力は、教育者の「要求」に呼応するものである。「いわゆる甘やかしには人間に対する軽蔑が存在しているように思われる」。彼はこの甘やかしに対して、ひとつの高い望みを対置する。その望みとは、「思考する存在としての人間性」をそれぞれの子供たちのなかに育てること、そして、この人間性には「自分の運命を自分で作り出す」義務があることを子供たちに理解させることである。

一九三二年に『自由語録』誌で、アランの『教育論』[1]の出版を歓迎したのは、カンギレムその人であった。まず、彼はアランに賛成して、何らかの外部の権力に教育を服従させることを激しく拒否する。たとえば、科学的で進歩主義的な主張をもつ心理学者にも、産業界の大立て者にも、教育を好きにさせてはならないのだ。これまで見てきたように、カンギレムはいかなる「専門家」にも「人間の行動を支配する」権利を拒否している。子供に心を砕かねばならないと言っても、それは大人たちがでっち上げた子供らしさのイメージのなかに子供を閉じ込めるためではない。反対に子供は「自分をのりこえる意志」だからこそ、子供に心を砕かねばならないのだ。カンギレムはアランに賛同して「教育の目的は好かれることではなく［……］、高めてやることである」と述べている。思考を殺害し、あらゆる未来とともにあらゆる活力《エラン》を子供から奪うとしたら教育者とはいったい何者であるのか、とカンギレムは問う。彼はアランの命題についてあれこれ意見を述べはしない。「すべての子供に文芸を」というアランのスローガンに対して「もちろん」というただ一言を残すのみである。カンギレムは願いを込めて、学校のことを「独立し自己充足した機関で、その目的は、家族、郷土、会社など、他のいかなる機関にも存在しない」としている。結論は鮮やかである。「学校の目的とは、人間を高めて、あらゆる機関のうえに立たせ、あらゆる価値の判断者となるための準備を施すことである」

（1）参考文献【103】。

それからほぼ五〇年後、彼はギュスターヴ・モノー（一八八五～一九六八年）の人生と生涯を思い出している。[1] それはカンギレムにとって、一九四四年以降、フランスにおいて教育に次から次へと持ち込まれたものの、たがいにつじつまの合わない教育改革の全貌を反省的に総括するよい機会となった。モノーはジャン・ゼイ大臣のもとですでに中等教育の教育長に就いていたのだが、大戦後のフランス解放でこのポストに再任されたのをきっかけに、諸々の改革のうちでも最初の改革、「新学級」の改革を進めた。カンギレムはモノーその人だけでなく、この企画も手放しで褒めている。彼によれば、この計画の功績は現場の哲学から着想を得ていることにある。「選抜に代えて、指導《オリエンテーション》を教育の規範にすることで、子供の可能性に敬意を払おう」というわけである。この子供への敬意の意味を詳しく説明すると、優れてカンギレム的なテーマが再び現われる。すなわち、その敬意の意味するところは、科学的にあらかじめ決められた可能性の見積もりに「合わせる」べきではなく、「発見と独自な表現の完成への誘い」でなければならないのである。このことは、「子供が独自の関心を表現し、それで満足することにこそ自由を認めよう」という主張によって確証される。『中等教育における職業的誠実さ(2)』(一九二四年)というモノーの報告を参照しながらカンギレムが称賛するのは、モノーによる教師という仕事《メティエ》の定義である。教師とは、得た知識を知らせる、あるいは「伝達する」ことに甘んじるだけの「知識の配達人」ではなく、「可能なものについての魅力を目覚めさせ、引き起こす」ことのできる実践家と定義される。「われわれの役目は子供たちにギリギリまで考えさせ、問題を与えてやることである。そして、最終学年の生徒には、彼らの知性を安心させるのでなく、不安にさせることである」とモノーの文章は力強く鳴り響く。カンギレムは、この不安を称賛する以外のことはせず、彼はそれをみずからの主張の一つにした。彼は『子供と私たち』(一九五〇年)のなかで、擁護されているモノーの考えもたたえている。「感性を働かせてやらないかぎり、知性を目覚めさせ、働かせ、駆り立てることはできない。さらには、子供たちの関心をかき立て、彼らが感動して目的に向うために思考を働かせるほど、思考の活動はより強く、より効果的になるだろう」

(1) L・クロ(一九〇八〜二〇〇〇年)による監修のもと、出版されたモノーへの賛辞を集めたもの。参考文献【104】。
(2) 参考文献【105】。

カンギレムは一九二四年の報告にある格言を引用して結んでいる。彼は「教育なくして知識なし。綴り字の危機は心の危機」という方針を結びの言葉にしている。一九八一年に五七年前の方針を思い起こすことが場違いなどと、〔本書が出版される〕二〇〇八年に、いったい誰が言えるだろうか。

エピローグ

一九六〇年代のさなか、カンギレムの立てる問いにどれほどの人が知的虜になったにせよ、その著作、文書、授業、社会参加にわたる彼の仕事を、六〇年代に実った諸思潮――破天荒なものから調子はずれなものに至るまで、一時的なものから息の長いものに至るまで――に息を吹き込んだ、何か呪文のようなものとして歴史に位置づけるのは間違いである。だからと言って、カンギレムのことを「バシュラールの後継者」とだけ言ってすませるわけにもいかない。カンギレムは、科学認識論という伝統の火を受け継いで消さずにいるだけではすまず、さらに、機を見てその応用範囲を生命科学と医学にまで拡張するだけでもまだ足りなかった。あとになって、新しい領域を〔知の〕考古学に編入して、精神医学のみならず、人文・社会科学までもカンギレムにその嚆矢を見ようとする連中が現われたが、カンギレム自身は最初からそのつもりだったわけである。「バシュラール、カンギレム、フーコー」と並べると、これは、フランス科学哲学における反実証主義の系譜に当たるが、このように三人一組で並べられるからと言って、哲学者という語を最も充実した仕方で体現する者としてのカンギレムらしさが見失われてはならない。一九二〇年代末からアランに就いて学び、ヴァレリーに惚れ込み、ベルクソンを精読しては批判し[1]、本筋において道徳と政治のことで頭が一杯だったのがカンギレムという哲学者である。そして、レジスタンスの英雄として、知的ながらも感情を揺さぶる試練を味わった、多くの友が戦場に散るのを目の当たりにすることもあれば、戦場に立つことを拒む者もいると思い知らされもした。結局は誰よりも長生きし、手厚い介護のもと、一九九五年まで隠居生活を送ったのであり、[2] 一九八七年にはＣＮＲＳ〔国立学術研究センター〕より金メダルを授与された。

（1）一九二九年、カンギレムは本名で、『自由語録』誌（四月二十日号）にかなり苛烈な書評を載せて、微に入り細を穿って、ポリツァー（一九〇三～四二年）の小冊子『哲学というひけらかしの終焉：ベルクソン哲学』——フランソワ・アルエという偽名（ヴォルテールの本名）で出版された——を攻撃した。「一人称」の具象心理学を擁護する点ではポリツァーに大絶賛を表明するものの、その「行き過ぎ」を嘆き、ベルクソンに対して放たれた個人攻撃をポリツァーに仕返した。続けて、ティボーデ（一八七四～一九三六年）の二巻本『ベルクソン哲学』とジャンケレヴィッチ（一九〇三～八五年）の著作『アンリ・ベルクソン』〔安部智一／桑田礼彰訳、新評論、一九八八年〕を引き合いに出して、ベルクソンに対するあからさまな敬意を表明した。だが、ベルグソン哲学の核心部分に関するかぎり、カンギレムが賛同を示したことは一度もない。『創造的進化』〔真方敬道訳、岩波文庫、一九七九年〕の著者〔ベルクソン〕とは、終生、堅固にして豊穣でありながら、近すぎるがためにかえって反発を覚えるという関係を維持して終わった。

（2）ジョルジュ・カンギレムは、一九九五年九月十一日、マルリ・ル・ロワ市（イヴリーヌ県）の自宅で息を引き取った。

一九三七年に開始した医学の勉強はストラスブール大学——哲学についても、カンギレムはこの大学の環境に最大の恩恵を被っている——で最後までやり遂げられ、お陰で、カンギレムの哲学的思考には倫理上の具体的な応用が付け加わることとなった。六〇年を経たいまも、初めて知る読者はその先見の明に驚かされる。

最後に、もう一つだけ例を挙げて、カンギレムの「先見の明」を強調しておこう。一九五九年、『高等教育』誌に「治療、実験、責任」という題目で公にされたテクストのことである。[1] 生命倫理に関する、いわゆる最新の問題はすべて、ここで哲学的視点から厳密に取り上げられている。

（1）『科学史・科学哲学研究』に再録されている。さらには、一九八四年、『全国倫理諮問委員会』主催の年次報告会（第一日目）の席上で発表された考察も参照せよ。このテクストは同委員会の『報告書』（参考文献【106】）に再録されている。

カンギレムはそこで、新しい治療法が続々と可能となるなか、医師がその態度や義務に関して深刻な「葛藤」に陥ることを指摘している。しかも、この葛藤は、「実際の患者のみならず潜在的な患者も含めて、大衆の側にある、画期的な治療法に対する期待と恐れ」という対立感情の併存により深刻化の一途をたどっている、という。

一方で、効力の高い最新技術の導入を歓迎しておきながら、われわれは他方で、最新技術の導入に伴う全般的な「機械化」の波に生身の体が襲われている、と恐れおののいている。二つの価値がここで鋭く衝突しているのである。一方で、科学技術《テクノクラシー》による支配という価値があり、「生物学的、社会的視点からの没個人的価値に鑑みて」、治療実験を推し進める権利が擁護される。他方で、「生命感情という価値」もあって、この価値に照らすならば、個々人がそれぞれ「自分だけの有機組織体に何らかの権利を有すると信じている」。

この衝突に解決をもたらしてくれるのは誰だろう。神学者だろうか。法律家だろうか。立法者だろうか。ここでもう一度、「今や、諸規則を制定・施行して、斬新な治療法――最新の医療技術や外科技術のお陰で、容易に無鉄砲に陥りかねない――を、道徳意識に抵触しない範囲内に規制しようと声を挙げるのに、いかなる資格も必要ないのだ」という事実を思い起こそう。

ここで、哲学者にできること、しなければならないことは何だろうか。カンギレムが第一に指摘することは、「医師はこれまでもずっと実験してきた」のであり、医療行為を通じて学んできたのだ、ということである。これは、クロード・ベルナール（一八一三〜七八年）のテーゼを焼き直したものであるが、医療の現場を反映した分析に基づいている点で新しいし、技術を科学より上位に置こうとする、科学認識論における反実証主義的な方向転換に導かれてもいる。そして、第二に指摘されることは、終始一貫、カンギレムが医師に向かって要求してきたことと合致する。「医師が相手をするのはいつだって個人なのだ」というのである。だからこそ、状況はいよいよ切迫してくるわけで、「現場で医療に従事する者」には、「態度を明確にする職業上の義務」が課されているのである。

だが、「治療することがひとつの実験なのだ」としても、個々の病人への気遣いがこの実験をリードするのでなければならない。何であれ、病気に関する情報を得ようという欲求が先に立ってはならない、というのである。「実験主義的な動向はどれも許さない」というわけではない。そうではなくて、知的な要求も道徳的な要求も——カンギレムはどちらも「やむにやまれぬ要求」だ、と言っている——どちらも医師に知っておいてもらわなければならないのである。その要求を満足させることで、医師はその名に値するものとなるのだから。カンギレムはフロイトを援用して、多くの医師がこの責任を回避している現状に説明を与えようとしている。要するに、逃避あるいは忘却のメカニズムを捨てないかぎり、医師らが自分たちの責任を認めるに至ることはない、というのである。

この責任放棄に歯止めを掛け、医師に責務をまっとうさせるには、何はさておき、医学教育を改革することが必要なのだ、と一九五九年のカンギレムは書いている。将来の医師が医学の勉強を始めるやいなや、「科学的」な事柄（解剖学、生理学、生化学、……）ばかりでなく、「病人の心理、生にとっての病気の意味、医師の義務、病気と医学の心理社会学」についても学ばせなくてはならない、というのである(1)。そこまでやってようやく、哲学的な考察を通して、医師に職業上の責任を承認させることができるようになるのである。そうはいっても、最新技術の威力を笠に、徹底的に「聖なる領域を侵そう」とする医学の、あまりの容赦のなさからして、「短期間のうちに」、医師が法廷に召喚されて決定を迫られることは避けられないだろう、とカンギレムは予見している。その法廷というのは、もはや良心の法廷のことでも、医師団の法廷のことでもなく、厳密な意味での法廷〔医療裁判〕のことである。ということは、判決を下すのはやはり裁判官であって、医者ではないのだ。このような不都合を避けるためにはどうしたらいいのだろうか。「意識と医療行為の両方を改革する」以外に手はないだろう。

(1) 医学に関する心理学や社会学については、ペキニョ博士(一九一四〜二〇〇三年)の見事な論述を参照。カンギレムにかなり近い意見が述べられている。とりわけ、『医学Ⅰ/基礎科学の紹介/一般病理学』参考文献【107】中の論述を参照。

このテクストの全体を読み、同じモチーフが一九二七年以来、六〇年以上にわたって展開されることを考えると、倫理的な問いこそがカンギレムの哲学——科学哲学と科学史も含めて——を貫いて支配しているのだ、ということに気づかされる。

だが、一九四五年以降は、学友にして戦友でもあったカヴァイエスという人物がカンギレムの哲学を支配するようになった、という言い方もできるかもしれない。カヴァイエスと言えば行動の人で、行動——その思想と死までも——を通して、傷ましいまでに、人生とはどうあるべきか、と問いつづけて考察を深めずにはいられなかった人である。なるほど、カヴァイエスの名を記すとき、カンギレムはその横に何人かの名前を書き添えることを忘れたことがない。その筆頭に挙げられるのが、数学者、哲学者にして戦士であったアルベール・ロトマン(一九〇八〜四四年)[1]で、彼もまたナチスの犠牲者である。他にも、ジャン・ゴセ(一九一二〜四四年)[2]、ピエール・カーン(一九〇三〜四五年)[3]、ジョルジュ・ポリツァー、[4]……。だが、これら生きた「見本」のなかでも、カヴァイエスは別格だった。カンギレムはカヴァイエスに関して何冊かテクストを書いているが、どれもすばらしい。本書のちょっとした研究を終えるに当たって、その論理的な内容に注意を喚起しておくのが適当だろう。[5]

（1）トゥールーズでレジスタンス活動に深入りし、一九四四年三月に逮捕され、四月一日に銃殺された。一九三三年から一九四四年にかけて執筆された数理哲学上のテクストが再編されているので、参照せよ。参考文献【108】。
（2）フランス解放運動（一九四五年九月二十六日）の同志である。
（3）ゲシュタポに拷問され、ブーヘンヴァルトの強制収容所に送られた。グライナにて、一九四五年五月十八日、収容所が解放された数日後に亡くなった。
（4）一九四〇年末、ポリツァーは大学解放運動の首謀者の一人となった。一九四二年二月十五日に逮捕されると、一九四二年三月二十日にはナチに送還され、一九四二年五月二十三日、モン＝ヴァレリアンで銃殺された。
（5）カヴァイエスの生涯については、姉G・フェリエールの著作『ジャン・カヴァイエス 哲学者にして戦士（一九〇三～四四年）』（参考文献【109】）を参照。

レジスタンス活動と聞いてももはやピンと来ない大衆に説いて聞かせるという形で何度も繰り返されたものだが、カンギレムの立てる問いというのは、一九四五年にストラスブールで立てられて以降、変わることがなかった。「哲学者カヴァイエスと戦士カヴァイエスとは同一人物なのだろうか」、というのである。哲学のなかでも最も抽象的な分野――数理哲学のことで、カヴァイエス自身は最も「純粋」にして最も「自律的」と言っている――に身を捧げていながら、レジスタンス運動にその初日から参加するなどということがどうしてできたのだろうか。しかも、彼の場合、イデオロギーを戦わせてプロパガンダに利用するというだけでなく、自分でレジスタンスを組織し、戦闘に参加さえしたのである。カンギレムの答えは決まっている。「論理的な厳密さ」でもって、カヴァイエスの一性を探求しなければならない、というのである。一九三〇年代冒頭、カヴァイエスは給費留学生としてドイツに滞在したが、その後も二回以上、ドイツに戻って、ゲオルク・カントール（一八四五～一九一八年）、ダフィット・ヒルベルト（一八六二～一九四三年）、エドムント・フッサール（一八五九～一九三八年）らの純粋な合理的思考の原動力を突きとめようとしていた。「研究を生活から、知性を社会から引き離してはならない」というわけで、カヴァイエスはドイツとその若々しさにじかに触れ、一九三四年には『我が闘争』を読んで恐れおののいた。そして、ナチズムという脅威の前で、ドイツ合理主義の伝統がどれほど大きな危機に瀕しているかを見抜いた。だから、一九四〇年、カヴァイエスが実際にレジスタンス運動に参加するのに何の躊躇もなかったし、それには哲学的な理由さえあったのである。手に武器を掲げて、理性を危機から守ろうとしたのである。一九四四年二月十七日、アラス砦で執行される処刑の日まで、いよいよ重くなってカヴァイエスの肩にのしかかる責任についても、カンギレムは書いている。カンギレムが何よりも敬服してやまないのは、レジスタンスを組織した、この比類なき活動家が「哲学的な要求から戦う義務へ」とただちに結論を下していることである。「友人を誘うこともなければ、政治機構に助けを求めることもなく、何であれ制度の支えに頼ろうとすることがなかった」。カヴァイエスは「哲学的良心の純粋な自律」を、一個人として体現できるかぎり体現していたのである。

　結局のところ、カンギレム自身がのちに新しい領域を切り拓いて、擁護しようとしてやまなかったのも、この自律であった。ある日のこと、友人アロンに漏らしているところから察して、多分、カヴァイエスはスピノザ主義者になろうとしていたのだろう。というのも、数学であれ、数学以外であれ、「本質は現実存在に何も負っていないし、現実に存在しなくても真であることはできる」と考えていたのだから。だが、カンギレムはと言うと、『脳と思考』において、スピノザのなかに、わずかながらも、デカルト主義の欠陥を嗅ぎ取っていたのである。この欠陥のお陰で、彼自身の体系をどう解釈しようとも、スピノザは決定論者ではありえず、こうして、スピノザも「〔必然性の〕保護区域から出て」、生命という危うい海のなかへと船出することができる、というのである。

カンギレム先生との思い出を少しばかり

私が初めてカンギレム先生とお会いしたのは、一九六七～六八年の新学期早々、美しい午後の終わり、ソルボンヌ大学の中庭でのことだった。階段教室で講義を終えて出てこられるところだった。私は修士論文の指導を先生にお願いしにきたのだ。バシュラールの科学認識論を扱うつもりだった。当時の私は高等師範学校〔ユルム校〕の学生で、そこの「学生監」〔「復習教師」〕だったルイ・アルチュセール（一九一八～九〇年）の勧めがあってのことだった。認識論的「切断」〔あるいは「断絶」〕という概念があって、他でもないアルチュセールがそれをよく言っても意外な仕方で利用してマルクスを「科学的」に読み直すことを正当化しようとしていたのである。そこで、私としては、その「切断」という概念の思いがけない使い方というものを綿密な吟味に掛けてみたらおもしろいだろう、いや、掛けてみるべきだ、と考えたのである。

私は警告されていた。高等師範学校では「カン様」〔モンゴルなど北方遊牧民の君主の称号「汗」を連想させる?〕と綽名されていたほど、カンギレム先生は気難し屋だとの評判を得ていたのである。この種の依頼を簡単に引き受けてくれるような先生ではなかった。小柄でがっしりした体格の丸刈りの男性が私の前に立ち、目を見開いて眼光鋭く見つめてくる。実際のところ、ぶっきらぼうな口調だったと言っていい。「バシュラールに興味があるんだって？」。まるで、何か突拍子のない出来事に出くわしたかのような言いようだった。「アルチュセールの代わりを務めるのはもうたくさんだ。高等師範学校が修士論文の指導をしてやらないのがいけない」。だが、私は食い下がった。先生に指導してもらいたい理由を列挙すると、先生のほうで折れてくださった。先生のゼミに参加することが条件だったことは言うまでもない。そこで、私は下級生に戻ったつもりで、フール通りの科学史・技術史研究所――一九五五年以来、カンギレム先生はバシュラールのポストを継がれていた――の小さな講義室に通った。毎週木曜日一七時からの授業で、先生が講義されないときは、一四、五人の参加者のうちから一人が教壇に立って研究経過を報告した。何年も通っている参加者が大部分だったのに、誰もが平等に扱われた。だが、一番の驚きは、いろいろな参加者がいて、研究テーマが幅広いことだった。私のように古典を研究する学生が何人かいたほか、科学史の純粋な研究者だけでなく、一般医も、精神科医も、小中高のいろいろな教科の先生――体育の先生まで――も、高級官僚までもいた。幸運なことに、一九六五年のノーベル生理学・医学賞を受賞した三人のフランス人――フランソワ・ジャコブ、アンドレ・ルヴォフ（一九〇二～九四年）、ジャック・モノー（一九一〇～七六年）――が順番に研究所を訪れることになり、その機を利用して、われわれはそれぞれの業績について討論を交わした。三人が三人とも、それぞれの仕方で『生命の認識』の著者〔カンギレム〕の考え方を高く評価していることがわかった。完璧でなければ決して満足してくれない知性の持ち主に厳しく指導してもらえることにわれわれは感銘を受け、わくわくしたものである。また、哲学畑の学生がその学修課程では多分決してお目に掛からないようなテクストを読む機会に恵まれたことにも感激したし、夢中にさせられたものである。どの新参者も、居心地の悪い思いをすることは請け合いだった。プラトン、アリストテレス、カント、ベルクソン、ヘーゲルなら、われわれも知っていたか、あるいは知っているつもりだった。だが、ここでは、ラマルク、ダーウィン、ハラー、カンペール、ピネル、ビシャ、ブルセ、クロード・ベルナールこそが主役で、有名な哲学者など、その引き立て役でしかなかった。そのうち、われわれにも、科学史が新しい魅力に溢れているように見えてきた。というのも、科学史のうちに哲学史の遠景が思いがけなく見つかって、その緊密な関係に気づかされるようになったからである。要するに、カンギレム先生には独特の才能があって、何かアイデアを捉まえてはわれわれと喧々諤々の議論を交わし、その系譜を探求することができたのである。かの認識論的「切断」に興味を示してはいたものの、それでも、つながり、連続性を探しまわろうとされた。「これはどこから来たのだ」という問いが執拗に繰り返され、お陰で、われわれはしばしば一つの段落で何時間も立ち往生した。先生が話を中断されて考え込むときの仕草を覚えていない者はいない。多分、アランから受け継いだ仕草なのだろう。というのも、『思想と年齢』[1]に「私が観察したところによると、考えを集中しているときというのは、目をしっかり閉じ、瞼を手で押さえていても、また元気になった目玉がすぐに飛び出してきてしまうものなのだ」と書かれているからである。いずれにせよ、歴史が呼び戻されて、現在を探求する導きの糸とされ、可能なものの境界線が何度も引き直されることになった。時代年表のようなものを連想してもらっては困る。カンギレム先生は念には念を入れてオリジナルのテクストの選定に拘り、史料編纂の手法に忠実に従われたのである。よく目の前の机に古書を何冊も積み重ねて、目星をつけておいた箇所を丹念に読もうとされていた。いきなり教室を出ていかれたかと思うと、隣の部屋——ぱっとしなかったけれど、研究所の大切な図書館だった——から一冊拝借してくるということもよくあった。先生は、われわれが正確な語を用いて分析を要約し、評価を下すまで、決してわれわれの集団調査を完了したものとは見なしてくださらなかった。

（1）前出参考文献【81】、一五頁。

一九六七～六八年は、ご存知の通り、平穏どころではなかった。まずは学問上の事件が二件、若干名の哲学教師を震え上がらせた。一月、高等師範学校の副学生監で、まだ本物のデリダになる前のジャック・デリダ（一九三〇～二〇〇四年）――われわれにフッサールとルソーを教えていた――が、今となっては語り草の「差延」に関する発表をフランス哲学会で披露し(1)、一躍、時の人とならんとしていた。二月、同じ年に同じ学会で、今度はアルチュセールが何とも型破りな発表をやってくれた。興奮のあまり、壇を降りてプロレタリア帽を被ると、ドイツ人労働者ヨーゼフ・ディーツゲン（一八二八～八八年）を引用して、哲学教師のことを「ブルジョワジーに雇われた公認の下僕」と呼んだのである。ついで寄せられた質問――短く素っ気ないものもあれば、長くて要領を得ないものもあった――には、横柄とも、相手を馬鹿にしているとも取れる返答が返された。最後、会場に鳴り響いた学生の喝采は、数週間後、彼らが「マンダリン〔中国、清朝の高級官僚〕」として懲らしめることとなる者たちへの、言わば挑戦状だったわけである。講堂の中央に座を占めていたので、私はカンギレム先生――同僚と最前列に座るのではなく、発表者のうしろで、床にあぐらをかかれていた――の表情を窺うことができた。夢中になってこの出来事を楽しんでおり、喜びを隠そうともされなかった。このように大衆に味方する態度は変わらないまま、あの暑かった五月と六月を迎えたのである。ソルボンヌ大学が占拠されても、多くの同僚のように田舎に引きこもって動静を伺うようなことはされなかった。先生は残って沈黙を守っておられた。最初は面白がっていたものの、総会（AG）がグランド・カーニバルを主催するころには、だんだんと苛立ってこられた。先生はまた、ボイコット委員会の執拗な働きかけに対抗して、一九六八年の教授資格試験ができるかぎり例年通りに実施されるよう奔走した。われわれが研究所に戻るのも一苦労で、戻った途端、皆で一緒に大目玉を喰らわされた。「君たちは満足だろうね。自慢していいのだよ。われわれが二〇年掛けて築き上げようとしてきたものを、君たちはみんな破壊してくれたのだから」

（1）参考文献【110】（「差延」、高橋允昭訳、『理想』（一九八四年十一月号「デリダ特集号」）所収）。

私の研究の内容について、先生が私に発表するよう持ちかけてくれたのは三月、いわゆる「五月革命」は目前に迫ってきていた。発表の最後、先生は、「でも、何が気に入らないのかね。どうしたいの？みんな哲学を科学認識論にしようとしているようだけれど、君もそうしたいのかな。次回、その点について説明してもらうからね。きっと、だよ」と言われた。というわけで、説明には二時間以上かかった。先生も今度は賛辞を惜しまれなかった。そこで、春には修士論文の原稿を仕上げられる目処が立った。五月～六月の騒動のお陰でバシュラールや研究所どころではなくなったが、七月以降、私は研究を再開し、夏のあいだ中、勉強に励んだ。一九六八年九月、私は修士論文を提出した。数日後、「カンギレム」と署名のある電報が届き、二日後の一時きっかり、研究所に出頭するよう言われた。何にせよ、私は不安に駆られた。

薄暗く、落ち着いていて、申し分なく整理された所長室に入ってみると、びっくりするようなフレーズが私を待ち受けていた。「バシュラールが今年の教授資格試験の題目に決まった。あなたの修士論文を読めれば、同級生たちも準備がはかどるだろう。私みたいな老いぼれに序文を書いてもらって出版するというのはお気に召さないかね？」

こうして、一九六九年、『ガストン・バシュラールの歴史的科学認識論』がカンギレム先生の序文を付してヴラン社より出版された。[1]数か国語に翻訳までされたせいで、まだ弱冠二十五歳だった私は、科学認識論を巡って国際的に盛り上がっていた議論――きっかけは、一九五九年にカール・ポッパー

（一九〇二〜九四年）の『科学的発見の論理』（一九三四年）〔大内義一・森博訳、恒星社厚生閣、一九七一年〕が英訳されたこと、トマス・S・クーン（一九二二〜九六年）の著書『科学革命の構造』（一九六二年）〔中山茂訳、みすず書房、一九七一年〕が登場したこと、そして、イムレ・ラカトシュ（一九二二〜七四年）やポール・ファイヤーアベント（一九二四〜九四年）らのテクストも続々と知られるようになったことである――の渦中に投げ込まれることとなった。

（1）前出参考文献【43】。

私は一九六九年に教授資格試験を受験した。

別のボイコット委員会が立ち上げられていた。一次試験の朝、サント＝ジュヌヴィエーヴ図書館の入り口はピリピリした雰囲気に包まれていた。「プロレタリア」寄りの先輩が徹底的な反エリート主義を訴えるビラを配っていた。愚かにも、課題の配布直後、当局は共和国保安機動隊（CRS）を教室内に配置しようとした。ボイコット委員会を私ほど毛嫌いしている者が他にいたかどうかはともかく、機動隊が厳しく監視の目を光らせているなかで答案を書くことなど、普通に考えてできるわけがない、と考えたのは私だけではなかった。選考委員長で試験監督総官だったトリックも戸口までわれわれに付き添って、無事に退出できるように気を遣ってくれた。同級生らに頼まれ、私はフール通りの研究所に駆けつけ、カンギレム先生に午前中の様子を報告した。先生はわれわれの願いをただちに聞き入れてくださった。先生は私に、教育省に掛け合って再試験の機会を要請することを請け合ってくださったのである。こうして、この年、哲学の教授資格試験は二度にわたって実施され、七月、われわれは何とピチエ＝サルペトリエール病院で受験したのだった。さて、十月になると、心理学の科学認識論に関する授業を何時間かセンシエで担当してくれないか、とカンギレム先生が私に打診してこられた。驚いたことに、先生は自分の学生を何人か心理学に「転向」させて、溢れかえる一回生を教えさせることにされたのである。今にして思えば、先生は、この分野で最後に一旗上げてやろうともくろまれていたに違いない。だが、次年度以降、われわれはお払い箱にされてしまった。「心理学とは何か」という問いに終止符を打たんと、われわれがラカン派の宣伝をする——われわれのうちの何人かはそのつもりだった——のを、心理学の新しい権威筋が望まなかったのだ。[1]私が一年間の休暇〔無給〕をもらったようなものなのを知って、先生はすぐに博士論文に取りかかるよう勧めてくださった。ハーバート・スペンサーを取り上げ、先生がのちに「科学的イデオロギー」[2]と呼ばれたものについて研究してみては、ということだった。

（1）「ソルボンヌ大学からサン＝ジャック通りに出ると、坂道を上るか下りるか、選ぶことができる。坂道を登るとパンテオンに行け、そこには偉人が何人か安置されている。坂道を下ると間違いなく警察署に行き着くことができる」。われわれは警察署のことばかり気にしていたが、パンテオンもあったのである〔知的反逆が威力をとどろかせるに至ることもある〕。

（2）前出参考文献【59】。

選択を迫られた。助手としてすぐに高等教育に携わる——当時は多くの同級生がそのようにして「ヴァンセンヌ城〔十八世紀末まで重要人物を収容する牢獄であった〕」にたどり着いていた——か、あるいは「高校で教える」か。ヴァンセンヌ城に閉じ込められたくないと私が言うと、先生は考えて、「いくつかの高校なら君にとって悪くないだろう。それどころか、高校でこそ、教えるということを本当に学べるのだからね」と励ましてくださった。そして、「たとえば、固有名は板書するべきだということを学ぶのだよ」と大笑いし、「私の場合は、最初、シャルルヴィル高校で教えたのだ。カヴァイエスが声を掛けてくれなかったら、私はきっと今でも高校の先生のままだったろうね」と言われた。一呼吸おいて、「なるほど、今は高校もすっかり変わってしまった。でも、私の場合、毎年、講義原稿を丸々書きまくったものさ。とてもいい練習になったよ」と言いたされた。

おそらくアルチュセールが推薦してくれたのだと思うが、ある出版社が、カンギレム先生の主著『正常と病理』のスペイン語版に序文を書いてほしいと依頼してきた。(1) 出版に先立って、私が先生に原稿をお見せしたのは言うまでもないが、とても驚いたことに、先生は何の注文もせず、逆に、心から感謝されてしまった。(2)

（1）参考文献【111】。
（2）一九七二年、『科学的認識論の批判のために――バシュラール、カンギレム、フーコー』中にこのテクストを再録しておいた。見てもらえばわかることだが、バシュラールに関する二本の論文とフーコーに関する一本の論文とが並んでいる。これらの前にアクロバチックな序文が置かれていて、私はそこで、応急処置として、科学哲学におけるかの「フランスの伝統」に触れてる。

二年後、『バシュラール 昼と夜』がグラセ社より出版された。私が高等師範学校（ユルム校）で行なった講義を書き直したものである。そのなかで、バシュラールの仕事に見られる二面性――科学認識論的な側面と詩的な側面――の謎について、当時の私なりの解説を試みたのだった。この本を受け取るやいなや、カンギレム先生は私を呼び出して、サン＝ジェルマン通りのレストランで昼食をともにしてくださった。笑いながらではあったものの、私の本は「うまく出来過ぎていて真実味がない」と最初に宣告されてしまった。そして、今後は他人の仕事について書くのはやめて、自分の仕事を開拓していくよう促してくださった――運が良ければ自分だけのものが見つかるし、運が悪ければ誰かがすでに何か書いてしまっているかもしれない……。このちょっとした指摘が私の脳裏に焼きついて離れなかった。この禁を破るのに三〇年以上も必要だったほどである。私が正しいかどうかは〔本書は他人の仕事について書いている〕読者の判断にお任せするとしよう。私はすぐに、ルイセンコ事件〔旧ソ連下の反遺伝学キャンペーンで、スターリンの威光のもと、獲得形質の遺伝が擁護された」について大きな仕事にもう取り掛かっています、と答えて先生を安心させた。[1] 先生はそこで、マルセル・プルナン（一八九三〜一九八三年）の躊躇と不運、ジャック・モノーが憤慨していたこと、共産党のインテリの多くが卑屈であること……、苦い思い出を生きいきと聞かせてくださった。

（1）この仕事は、一九七六年、『ルイセンコ「プロレタリア科学」の本当の歴史』として出版された。

このように、先生は学生に対し、ときに如才なく、ときに堅忍不抜に、知的高邁さを発揮されたのである。この高邁さは、気取り屋ばかりが世間でどれほど持てはやされようとも――先生のような「ごつごつ」した哲学者の「無骨さ」[1] はきっと世間のお気には召さなかったに違いない――、なんら影を潜めることはなかった。ポール・ヴァレリーに心酔していただけあって、練りに練った語の組み合わせが精神に新しい地平を切り拓く可能性を心得ておられたのである。

（1）この語はカンギレム先生がアランを言い表わそうとして使った語なのだが、カンギレム先生自身にもぴったりである。

カンギレム先生をよく知る者は、先生から「立って考えよ」という教えを吹き込まれたものである。つまり、解き放たれた思考が坂を転げ落ちていくのを阻みなさい、というのである。かなりあとになってから、ジュール・ラニョーの一節がこれをうまく言い表わしていることに私は気がついた。カンギレム先生もこの一節のことを「文句のつけようがない」と言っておられた。「悪とはエゴイズムのことであり、その正体は臆病さである。臆病さには二面あって、快楽を追い求め、苦労を避けようとすることである。行動するとは戦うことである。他の行動はどれも幻であって自滅する。宇宙で独りぼっちになって、自分を預けることができるものが何もなく、誰もいないとしよう。それでも、法は同じままだろうし、本当に生きるというのはやはり、苦労して生きることとなのだろう」

「ひょっとして、苦労して生きるのではなく、自由きままに生きるべきなのだろうか。もう一度言おう。頭で考える問題ではないのだ。われわれは自由で、その意味で懐疑論は正しい。しかし、懐疑論に追随するならば、宇宙も、自分も、わけのわからないものになってしまう。混沌を宣言して、混沌そのものを先に打ち立ててしまうことになる。だが、混沌は無である。自分について、あらゆる事物についての、あるのか、ないのか、選ばなければならないのだ」

訳者あとがき

本書は、Dominique Lecourt, *Georges Canguilhem* (Coll. « Que sais-je? » n°3722, P.U.F., Paris, 2008) の翻訳である。著者ドミニック・ルクールは、フランスの科学哲学界を代表する哲学者である。一九四四年二月五日にパリで生まれ、六五年に高等師範学校（エコール・ノルマル・シュペリウール）を卒業後、翌年、哲学の教授資格を取得し、八九年からはパリ第七大学〔ドニ・ディドロ校〕正教授の任に就いている。師のカンギレムと同様、教育への熱意も強く、国際哲学コレージュの創設メンバーとなり（八四年）、国立通信教育センターの所長も務め（八六～八八年）、啓蒙書の刊行も少なくない。フランス国内の大学教育から国際的な科学教育の振興に至るまで、このように幅広く精力的にリーダーシップを発揮するルクールはレジオン・ドヌール勲章シュヴァリエ章の受章者でもある。詳しい職業についてはドミニック・ルクール『科学哲学』（白水社文庫クセジュ）の「訳者あとがき」を御参考願いたい。

コレクション・クセジュと言えば入門書であり、そこからすると本書はカンギレム哲学の入門書のはずなのだが、正直に告白すれば、翻訳するために本書を一読して驚かされた記憶がある。たかが入門書と予想して、思想家の固定されたイメージが描かれているのだろうと勝手に考えていたのだが、本書はそれを見事ひっくりかえしているからである。

カンギレムと言えば、科学認識論を生物学の領域へ広げた哲学者というのが概略的な紹介になるだろう。また、フランスの科学認識論と言うと、科学的概念の歴史的展開を緻密に分析するという、一般の人たちには縁もゆかりも（ついでに興味も）なさそうな専門的な学問である。したがって、カンギレムの入門書ならば、彼の専門的な仕事を一般的にわかりやすく解説したものであるにちがいない……と予測していたのだ。

しかし、ここでクローズアップされるカンギレムは、そのような人物像に留まらない。それというのも、本書で光を当てられるのは概念の歴史に格闘する科学認識論《エピステモロジー》の専門家というよりも、「立ったまま考える」行動の人、カンギレムだからだ。

もちろんカンギレムに科学認識論以外の思想があることは広く知られた事実である。たとえば、彼はラニョーやアランといった科学哲学とは異なった内省的な哲学から思想を継承していることは確かである。しかし、そのような思想はカンギレム哲学の枝葉末節にすぎないというのが従来の見方であった。

一例をあげると、本書の「緒言」で示されるように、ミシェル・フーコーはカンギレムを科学認識論、すなわち、概念の哲学者として描ききっている。そうすると、なぜカンギレムの哲学が科学哲学の専門家以外に広く影響を与えたかという「パラドクス」が生じ、それにフーコーはフランスでは概念の哲学と啓蒙の哲学が歴史的に親近性をもっていたから、という解答を与えている。

フーコーの見解もまたすばらしい考察ではあるが、ルクールはそれに対してまた別のカンギレムの相貌を明かす。つまり、カンギレムの哲学はもともと科学技術の専門用語に精通することにあるのではなく、それらを体得したうえで、生きた経験のなかにある素朴な生と突き合わせて、判断を下すことにある、というのだ。生きた経験に立つからこそ、彼の思想は影響力をもったのであって、いわゆる「パラドクス」は彼を概念の哲学という狭い枠に押し込める所から生じた偽りの問題にすぎないのである。

このようにルクールによれば、カンギレムは「生物学の哲学者」であると同時に、「生の哲学者」でもあるということになる。カンギレムが生物学の哲学者であることには異論はないだろうが、生の哲学者となると、これは問題含みの主張だろう。少なくとも、二つの立場は両立可能なのだろうか。前者が合理主義や知性に基づくのに対して、後者が反合理主義や欲望に基づくと普通は考えられるのだから。

さらに、ルクールは明言しないのだが、カンギレムが生の哲学により近いように本書では描かれていることをただちに意味するわけではない。ベルクソンが持続や純粋記憶、エラン・ヴィタルなどの形而上学的概念へ進むのに対し、カンギレムはあくまで素朴な生に留まり、そこから独自の「生に関する価値論的な哲学」を構築しようとしているのである。

では、カンギレムが決して離れなかった、素朴なものとは何だろうか。本書第二章で扱われる「医学」をみると、たとえば、それは患者の声やその苦痛である。近代医学が注目するのは患者よりも器官や細胞であり、あるいは患者個人よりも集団的な統計のデータである。ミクロなレベルでも、マクロなレベルでも患者個人の苦しみは医学のまなざしから消えてしまう。この本末転倒に対して、カンギレムはなぜ、そして、どのようにこのような医学のまなざしが歴史のなかで形成されたのかを問い、それらを分析している。このことを主題とするのがカンギレムの医学博士論文『正常と病理』なのであるが、そこでルクールはこの著作が純粋な科学認識論の関心に基づくだけではなく、その裏に患者中心の医学を復権させるという実践的なもくろみがあったことを示している。

このような大胆な見通しを描くことができたのは、著者ルクールがカンギレムその人から直接教えを受けたという経験が大きいのかもしれない。ただし、ルクールが個人的な思い出を語るのは本書の末尾に限られる。「緒言」でことわられているように、その他はすべて公刊されている膨大な資料（ときにはテレビ番組なども参照されている）からカンギレム像が緻密に、しかも具体的に練り上げられているのである。

しかし、以上のような視点転換は、単にカンギレム哲学の解釈に限った話ではなく、私たち自身の生、すなわち現代にも向けられていると言うべきだろう。カンギレムが生きた経験に根ざすことで反対したのは、専門知識の専制化といった事態である。カンギレムは、このような専門分化の極限として十九世紀に現われた科学万能主義や技術至上主義に対して一貫して反対している。

現在でも、この専門知識や技術による支配という事態はいっそう強まることはあるけれども、弱まることはないだろう。脳科学、分子生物学、情報科学などは細かく細分化が進み、ますます私たちの目も手も届かないところへ進展している。それでもなお、私たちが素朴な生の基盤に立ちながら日々の生活を営み、そのなかでつねに判断を下すことを迫られることは変わりがない。

そのようななかでいかに生き、行動すべきか。ここでもカンギレムが拠りどころとするのはみずから思考し、それを価値づけ、態度決定の統一を導く個人の生である。本書最終章が「教育」というテーマで締めくくられているのはきわめて象徴的と言える。そこでは、答えを教え込むというよりは問題を考えさせるカンギレムの哲学教育の方針が描かれている。もちろん、これは狭く哲学や学校の教育に限られた話ではないだろう。日々生じるなかで問題に対峙し、試行錯誤を繰り返しながら、決断を下すということは、生きていればだれでも行なうことなのだから。

このように、本書はカンギレムの主要著作を切り詰めて報告した単なる概説書ではなく、カンギレムの生きた思考および哲学をする彼の姿勢などを受け継ぎ、それらについて考えさせるひとつの哲学書となっている。

一般にカンギレムの著作の文体は、一文に意味が凝縮されていて、冗長さを避ける禁欲的なスタイルであり、すらすら読み流せるようなフランス語ではない。しかし、本書では、テクストの表面的読解からは得ることができない、カンギレムの思いや教え、行動規範を伝えている。そして本書を読めば、実はこれらのものが裏側から彼のテクストを支えているということがわかるだろう。本書がカンギレムの思想や哲学を学ぶ際に、読者の良きガイドの役割を果たすことを願うばかりである。

本書は三人の訳者による共訳であり、それぞれ三分の一ずつを担当した。全体のスタイル、訳語の統一などについてはのちほど三人で数度にわたり練り直したものである。

最後に、本書を翻訳する機会を下さった杉村靖彦氏（京都大学）には感謝を申し上げたい。また本訳書の刊行にお世話になった白水社の中川すみ氏にもこの場をお借りして、お礼を申し上げたい。

二〇一一年七月

訳者一同

参考文献

【1】P. Valéry, « Discours sur Bergson », prononcé le 9 janvier 1941, in *Œuvres*, t. I, édition de J. Hytier, Gallimard, 1957, p. 883-886.（P・ヴァレリー「ベルクソンに関する談話」，寺田透（訳），『ヴァレリー全集』九巻所収，筑摩書房，1967年）.

【2】G. Canguilhem, *The Normal and the Pathological*, translated by C. R. Fawcett, introduction by M. Foucault, Zone Books, 1989.（G・カンギレム『正常と病理』，滝沢武久（訳），法政大学出版局，1987年）.

【3】M. Foucault, La vie : l'expérience et la science, in *Revue de Métaphysique et de morale*, 90e année, n° 1, janvier-mars 1985, reproduit in *Dits et écrits IV, 1980-1988*, Gallimard, 1994.（M・フーコー「生命――経験と科学」，廣瀬浩司（訳），『ミシェル・フーコー思想集成』X巻所収，筑摩書房，2002年）.

【4】M. Foucault, *Histoire de la folie à l'âge classique, Folie et déraison*, Gallimard, 1961.（M・フーコー『狂気の歴史――古典主義時代における』，田村俶（訳），新潮社，1975年）.

【5】P. Bourdieu, J.-C. Chamboredon, J.-C. Passeron,*Le métier de sociologue*, Mouton-Bordas, 1968.

【6】G. Canguilhem, La décadance de l'idée de progrès, in *Revue de métaphysique et de morale*, vol. 92, n° 4, octobre-décembre 1987.

【7】F. Delaporte (éd), *A Vital Rationalist. Selected Writtings from Georges Canguilhem*, Zone Books, 1994.

【8】J.-F. Sirinelli, *Génération intellectuelle. Khâgneux et normaliens dans l'entre-deux-guerres* (1988), rééd. PUF, « Quadrige », 1995.

【9】T. Leterre, *Alain, le premier intellectuel*, Stock, 2006.

【10】R. Aron, L'influence d'Alain, rééd. in *Bulletin de l'Association des amis d'Alain*, n° 65, décembre 1987.

【11】J. M. Mayeur, *La vie politique sous la IIIe République (1871-1898)*, Le Seuil, 1973.

【12】A. Thibaudet, *Réflexions sur la politique*, Robert Lafont, 2007.

【13】J. Benda, *La fin de l'Éternel*, Gallimard-NRF, 1929.

【14】J. Benda, *La trahison des clercs* (1927), rééd. Grasset, 2003.（J・バンダ『知識人の裏切り』，宇京頼三（訳），未来社，1990年）.

【15】P. Viénot, *Incertitudes allemandes : la crise de la civilisation bourgeoise en Allemagne*, Librairie Valois, 1931.

【16】J. Schmidt, *Alain, eine Auswahl aus seinen Werken zur Einführung in sein Denken*, Westermenn, Braunschweig, 1931.

【17】G. Canguilhem, *Il fascismo e i cintadini*, Il Mulino, 2006.

【18】 G. Canguilhem et C. Planet, *Traité de logique et de morale*, F. Robert et Fils imprimeurs, 1939.
【19】 E. Roudinesco, *Histoire de la psychanalyse en France*, t. 2, *1925-1985*, Fayard, 1994, p.203-204.
【20】 G. Canguilhem, *Le normal et pathologique*, 9e rééd. PUF, «Quadrige», 2005. （G・カンギレム『正常と病理』，滝沢武久（訳），法政大学出版局，1987年）.
【21】 F. Bing, J.-F. Braunstein, et E. Roudinesco (éd.), *Actualité de Georges Canguilhem. Le normal et le pathologique*, Les Empêcheurs de penser en rond, 1998.
【22】 G. Levy et G. Cordet, *À nous, Auvergne ! la vérité sur la Résistance en Auvergne, 1940-1944*, Presse de la Cité, 1981, p. 272.
【23】 G. Canguilhem, *Études d'histoire et de philosophie des sciences*, Vrin, 1968. （G・カンギレム『科学史・科学哲学研究』，金森修（訳），法政大学出版局，1991年）.
【24】 G. Canguilhem, *Écrits sur la médicine*, Le Seuil, 2002.
【25】 G. Canguilhem,« Une pédagogie de la guérison est-elle possible ? », in *Nouvelle Revue de psychanalyse*, n° 17, printemps 1978, p. 13-23.
【26】 M. Klein, *Regards d'un biologiste : évolution de l'approche scientifique*, Hermann, 1980.
【27】 John Brown, *Elementa Medicinae* (1780), trad. Franç., *Élements de médicine,* 1805.
【28】 Cl. Bernard, *Leçons sur les phénomènes de la vie communs aux animaux et aux végétaux*, 2 vol., 1878-1879, vol. I, rééd., Vrin, 2000, p.224.
【29】 G. Schapira, *Le malade moléculaire. Un nouveau regard sur la médicine*, PUF, 1994.
【30】 D. Lecourt, *Humain post-humain, La technique et la vie*, PUF, 2003.
【31】 P. Valéry, *Mauvaises pensées et autres*, Gallimard, 1942.
【32】 C. Daremberg, *La médecine. Histoire et doctrine*, J.-B. Baillière et fils, 1865.
【33】 D. Diderot, *Lettres sur les sourds et muets à l'usage de ceux qui entendent et qui parlent* (1751), rééd. Flammarion, 2000.
【34】 L. Bounoure, *L'autonomie de l'être vivant. Essai sur les formes organiques et psychologiques de l'activité vitale*, PUF, 1949.
【35】 I. Illich, *Die Enteignung der Gesundheit. Medical Nemesis* (1975), trad. Franç., *Némésis médicale*, Le Seuil, 1975. （I・イリッチ『脱病院化社会——医療の限界』，金子嗣郎（訳），晶文社，1980年）.
【36】 M. Halbwachs, *Les causes du suicide*, Alcan, 1930 ; rééd. PUF, 2002.
【37】 M. Halbwachs, *La théorie de l'homme moyen. Essai sur Quételet et la statistique morale*, Alcan, 1913.
【38】 A. Quételet, *Anthropométrie ou mesure des différentes facultés de l'homme*, Muquardt, 1871.
【39】 G. Le Blanc, *La vie humaine. Anthropologie et biologie chez Georges Can-*

guilhem, PUF, 2002.
【40】 G. Le Blanc, *Canguilhem et les normes*, PUF, 1998.
【41】 R. Reininger, *Wertphilosophie und Ethik. Die Frage nach dem Sinn des Lebens als Grundlage einer Wertordnung*, Wilhelm Braumüler, 1939.
【42】 G. Bachelard, *La philosophie du « non », essai d'une philosophie du nouvel esprit scientifique* (1940), rééd. PUF, « Quadrige », 2005.（G・バシュラール『否定の科学』, 中村雄二郎／遠山博御雄（訳）, 白水社, 1974年）.
【43】 D. Lecourt, *L'épistémologie historique de Gaston Bachelard* (1969), rééd., 11e éd., Vrin, 2002.
【44】 D. Lecourt, *Pour une critique de l'épistémologie : Bachelard, Canguilhem, Foucault* (1972), Maspero, 1980.
【45】 A. Brenner, *Les origines françaises de la philosophie des sciences*, PUF, 2003.
【46】 M. Bitbol, J. Gayon (éd.), *L'épistémologie française*, *1830-1970*, PUF, 2006.
【47】 G. Bachelard, *La formation de l'esprit scientifique : contribution à une psychanalyse de la connaissance objective*, Vrin, 1938.（G・バシュラール『科学的精神の形成――客観的認識の精神分析のために』, 及川馥／小井戸光彦（訳）, 国文社, 1975年）.
【48】 G. Canguilhem, Sur une épistémologie concordataire, in *Hommage à Gaston Bachelard. Études de philosophie et d'histoire des sciences*, PUF, 1957, p. 3-12.
【49】 G. Bachelard, L'idéalisme discursif, in *Recherches philosophiques*, 1934-1935 ; reproduit dans *Études*, Vrin, 1970.
【50】 G. Bachelard, *Essai sur la connassance approchée* (1927), 6e rééd., Vrin, 2000, p.246.（G・バシュラール『近似的認識論』, 豊田彰／及川馥／片山洋之介（訳）, 国文社, 1982年）.
【51】 G. Bachelard, *La valeur dinductive de la relativité*, Vrin, 1929, p. 240-241.
【52】 G. Canguilhem, L'histoire des sciences dans l'œuvre épistémologique de Gaston Bachelard, in *Annales de l'Université de Paris*, Société des amis de l'Université, 1963.
【53】 A. Koyré, *La révolution astronomique* : Copernic, Kepler, Borelli, Hermann, 1961, p. 79.
【54】 J. Piquemal, Aspects de la pensée de Mendel (1965), reproduit in *Essais et leçons d'histoire de la médicine et de la biologie*, PUF, 1993.
【55】 M. Barthélémy-Madaule, *Lamarck ou le mythe du précurseur*, Le Seuil, 1979.
【56】 G. Bachelard, L'actualité de l'histoire des sciences, in *Revue du Palais de la Découverte*, vol. 18, n° 173, 1951.
【57】 G. Bachelard, *L'activité rationaliste de la physique contemporaine*, PUF, 1951.
【58】 G. Canguilhem, *La formation du concept de réflexe aux XVIIe et XVIIIe siècles*, PUF, 1955.（G・カンギレム『反射概念の形成――デカルト的生理学の

淵源』，金森修（訳），法政大学出版局，1988年）.
【59】G. Canguilhem, *Idéologie et rationalité dans l'histoire des sciences de la vie : nouvelles études d'histoire et de philosophie des sciences*, Vrin, 1977. （G・カンギレム『生命科学の歴史——イデオロギーと合理性』，杉山吉弘（訳），法政大学出版局，2006年）.
【60】D. Lecourt (éd.), *Dictionnaire de la pensée médicine*, PUF, 2004.
【61】M. Guéroult, *Descartes selon l'ordre des raisons*, t. 2 : *L'âme et le corps*, Aubier-Montaigne, 1953.
【62】F. Fearing, *Reflex Action. A Study of Physiological Psychology*, Williams & Wilkins, 1930.
【63】G. Bachelard, *La flamme d'une chandelle*, PUF, 1961. （G・バシュラール『蠟燭の炎』，渋沢孝輔（訳），現代思潮社，1966年）.
【64】K. Goldstein, *Der Aufbau des Organismus* (1934), trad. franç., *La structure de l'organisme. Introduction à la biologie à partir de la pathologie humaine* (1951), rééd. avec une préface de P. Fédida, Gallimard, 1983. （K・ゴールドシュタイン『生体の機能』，村上仁／黒丸正四郎（訳），みすず書房，1970年）.
【65】L.-C. Soula, *Précis de physiologie* (1947), 2e éd., Masson & Cie, 1953.
【66】G. Friedmann, *Problèmes humains du machinisme industriel* (1946) ; éd. augm., Gallimard, 1956.
【67】G. Friedmann, *Le travail en miettes*, Gallimard, 1956. （G・フリードマン『細分化された労働』，小関藤一郎（訳），川島書店，1973年）.
【68】G. Canguilhem, Milieu et norme de l'homme au travail, in *Cahiers internationaux de sociologie*, vol. III, PUF, 1947.
【69】G. Canguilhem, Dialectique et philosophie du non chez Gaston Bachlard, in *Revue internationale de philosophie*, vol. XVII, n° 66, fasc. 4, 1963, p. 441-452, repris in G. Canguillem, *Études d'histoire et de philosophie des sciences,* p. 195-207.
【70】G. Canguilhem, *La connaissance de la vie,* Hachette, 1952 ; rééd. Vrin, 1998. （G・カンギレム 『生命の認識』，杉山吉弘（訳），法政大学出版局，2002年）.
【71】G. Canguilhem, Descartes et la technique, in *Travaux du IXᵉ Congrès international de philosophie*, Hermann, 1937, t. II.
【72】P Valéry, *Œuvres*, t. II, éd. de Hytier, Gallimard, 1960.
【73】G. Canguilhem, Activité technique et création, in *Communication et discussions*, Société toulousaine de philosophie, 1937-1938.
【74】F. Nietzsche, *L'origine de la tragédie ou héllenisme et pessimisme* (1871), trad. franç., Société du Mercure de France, 1901. （F・ニーチェ『悲劇の誕生』，西尾幹二（訳），中公クラシックス、2004年など）.
【75】A. Leroi-Gourhan, *Milieu et technique*, Albin Michel, 1945.
【76】B. Saint-Sernin, Geroges Canguilhem à la Sorbonne, in *Revue de métaphysique et de morale*, janvier-mars 1985, p. 84-92.

【77】*Georges Canguilhem, philosophe, historien des sciences*, Actes du Colloque organisé au Palais de la Découverte les 6, 7 et 8 décembre 1990 par É. Balibar, M. Cardot, F. Duroux, M. Fichant, D. Lecourt et J. Roubaud, Collège international de philosophie – Albin Michel, 1993.
【78】M. Foucault, *Dits et écrits I, 1954-1988*, Gallimard, 1994.
【79】G. Canguilhem, De la science et de la contre-science, in S. Bachelard (éd.), *Hommage à Jean Hyppolite*, présentation de M. Foucault, PUF, 1971, p. 173-180.
【80】J. Lagneau, *Court traité* de Spinoza, in *Écrit*, Éditions du Sandre, 2006, p. 53 et s. ; Notes sur Spinoza, p. 147 et s.
【81】Alain, *Les idées et les ages* (1927), reproduit in *Les passions et la sagesse,* éd. de G. Bénézé, Gallimard, 1960, p. 3-321.（アラン『思想と年齢』，原亨吉（訳），角川書店，1955年）.
【82】J. von Uexküll, *Umwelt und Innenwelt der Tiere* (1909), rééd., Julius Springer Verlag, 1921.
【83】P. Guillaume, *La psychologie animale*, Armand Colin, 1940.
【84】R. Turró, *Les origines de la connaissance*, Alcan, 1914.
【85】J. Nogué, *La signification du sensible*, Aubier, 1936.
【86】M. Pradines, *Traité de psychologie générale,* PUF, 1943.
【87】G. Canguilhem, Maurice Halbwachs, l'homme et l'œuvre, in *Mémorial des années 1939-1945*, Les Belles Lettres, 1947, p. 229-241.
【88】M. Halbwachs, *Les cadres sociaux de la mémoire*, Félix Alcan, 1925.
【89】P.-M. Schuhl, *Machinisme et philosophie*, Félix Alcan, 1938.（P・M・シュル『機械と哲学』，粟田賢三（訳），岩波新書，1972年）.
【90】W. B. Cannon, *The Wisdom of the Body* (1932), trad. franç., par Z. M. Bacq, *La sagesse du corps*, éd. de la Nouvelle Revue critique, 1946.（W・B・キャノン『からだの知恵』，舘鄰／舘澄江（訳），講談社学術文庫320，1981年）.
【91】W. B. Cannon, *Bodily Changes in Pain, Hunger, Fear and Rage : An Account of Recent Researches into the Function of Emotional Excitement*, Appleton, 1915.
【92】F. J. Gall, J. Spurzheim, *Anatomie et physiologie du système nerveux en général et du cerveau en particulier, avec des observations sur la possibilité de reconnaître plusieurs dispositions intellectuelles et morales de l'homme et des animaux par la configuration de leurs têtes*, 4 t., F. Schoell, 1810-1819.
【93】Lanteri-Laura, *Histoire de la phrénologie : l'homme et son ceveau d'après F. J. Gal*l, PUF, 1970.
【94】A. Utaker, Canguilhem, *histoire des sciences et politique du vivant*, PUF, 2007.
【95】F. Scott Fitzgerald, *La Fêlure* (1945), trad. franç., Gallimard, 1963, p.341.
【96】G. Canguilhem, H. Piñera, L. I. Madkour, E. Fink, N.A. Nikam, G. Calogero, D. MacKinnon, M. H. Moore, R. McKeon, *L'enseignement de la philosophie : enquête internationale*, Unesco, 1953.

【97】 G. Canguilhem, Méthode, in revue *L'Enseignement philosophique*, mai 1932.
【98】 J. Cabanis, *Les années profondes. Journal, 1939-1945*, NRF, 1976, p.65.
【99】 J. Bouveresse, *Rationalité et cynisme*, Éd. de Minuit, 1984, p.198 et s. （J・ブーヴレス『合理性とシニシズム』，岡部英男／本郷均（訳），法政大学出版局，2004年）.
【100】 J. Green, *Liberté chérie* (1974), rééd. Le Seuil, 1989.
【101】 Y. Belaval, Pourquoi Leibniz ?, in *Les Études philosophiques*, janvier-mars 1971, p. 3-12.
【102】 Leibniz, Une drôle de pensée (1675 ?) , in *NRF*, Gallimard, 1er octobre 1958.
【103】 Alain, *Propos sur l'éducation,* suivi de *Pédagogie enfantine* (1932), rééd. PUF, « Quadrige », 2001. （アラン『教育論』，八木冕（訳），『アラン著作集』第七巻所収，白水社，1960年）.
【104】 G. Monod : *un pionieer en éducation. Les classe nouvelle de la Libération*, hommage collectif publié sous la direction de L. Cros, Comité universitaire d'information pédagogique (Imprimerie de l'Atelier thérapeutique de la MGEN), CEMEA, 1981, p. 20-25.
【105】 G. Monod, *La probité professionnelle dans l'enseignement secondaire*, rapport présenté au Congrès du christianisme social, à Marseille, le 1er novembre 1924, Imprimerie de Corbière-Jugain, 1924.
【106】 *Lettre d'Information* du Commité consultatif national d'éthique en 1984, 1986, p.6.
【107】 P. de Graciansky et H. Péquignot (éd.), *Médecine I, Présentation des sciences de base. Pathologie générale*, Gallimard, 1980.
【108】 A. Lautman, *Les mathématiques, les idées et le réel en physique*, présentation par son fils Jacques suivie d'une étude de F. Zalamea, Vrin, 2006.
【109】 G. Ferrières, *Jean Cavaillès philosophe et combattant (1903-1944)*, PUF, 1950.
【110】 J. Derrida, La différance, in *Théorie d'ensemble*, Le Seuil, 1968. （J・デリダ「差延」，高橋允昭（訳），『理想』1984年11月号「デリダ特集号」所収）.
【111】 G. Canguilhem, *Lo normal y lo patólogico*. Introducción : la historia epistemológica de Georges Canguilhem de D. Lecourt (1971), 7e editión, Siglo XXI Editores, 1986.

原著者による読書案内

F. Bing, J.-F. Braunstein, E. Roudinesco (éd), *Actualité de George Canguilhem. Le normal et le pathologique*, Les Empêcheurs de penser en rond, 1998.

M. Bitol, J. Gayon (éd), *L'épistémologie française, 1830-1970*, PUF, 2006.

J.-F. Braunstein (éd), *Canguilhem. Histoire des sciences et politique du vivant*, PUF, 2007.

A. Brenner, *Les origines françaises de la philosophie des sciences*, PUF, 2003.

G. Canguilhem, *Le normal et pathologiques*, augmenté d'une autre étude inédite, *Nouvelles réflexions concernant le normal et le pathologique* (*1963-1966*), PUF, 1966 ; 9ᵉ rééd, « Quadrige », 2005.（G・カンギレム『正常と病理』，滝沢武久（訳），法政大学出版局，1987年）.

G. Canguilhem, *La connaissance de la vie*, Hachette, 1952 ; rééd. Vrin, 1998.（G・カンギレム『生命の認識』，杉山吉弘（訳），法政大学出版局，2002年）.

G. Canguilhem, *La formation du concept de réflexe aux XVIIᵉ et XVIIIᵉ siècle*, PUF, 1955.（G・カンギレム『反射概念の形成――デカルト的生理学の淵源』，金森修（訳），法政大学出版局，1988年）.

G. Canguilhem, G. Lapassade, J. Piquemal *et al.*, *Du développement à l'évolution au XIXᵉ siècle* [Thalès, 11ᵉ année, 1960] (1962 ; 2ᵉ éd., 1985), rééd. PUF, « Quadrige », 2003.

G. Canguilhem (éd), *Besoins et tendances. Textes choisis*, Hachette, 1952.

G. Canguilhem, *Études d'histoire et de philosophie des sciences*, Vrin, 1968.（G・カンギレム『科学史・科学哲学研究』，金森修（訳），法政大学出版局，1991年）.

G. Canguilhem, *Idéologie et rationalité dans l'hisoire des sciences de la vie : nouvelle études d'hisoire et de philosophie des sciences*, Vrin, 1977.（G・カンギレム『生命科学の歴史――イデオロギーと合理性』，杉山吉弘（訳），法政大学出版局，2006年）.

G. Canguilhem, *Écrits sur la médecine*, Le Seuil, 2002.

George Canguilhem, philosophe, historien des sciences, Actes du Colloque organisé au Palais de la Découverte les 6, 7 et 8 décembre 1990 par É. Balibar, M. Cardot, F. Duroux, M. Fichant, D. Lecourt et J. Roubaud, Collègue international de philosophie – Albin Michel, 1993.

F. Dagognet, *Georges Canguilhem, philosophie de la vie*, Les Empêcheurs de penser en rond, 1997.

C. Debru, *Georges Canguilhem. Science et non-science*, Rue d'Ulm, 2004.

F. Delaporte (éd.), *A Vital Rationalist. Selected Writtings from Georges Canguilhem*, avec une introduction de P. Rabinow et une bibliographie critique de C. Limoges,

Zone Books, 1994.
G. Le Blanc, *La vie humaine. Anthropologie et biologie chez Georges Canguilhem*, PUF, 2002.
D. Lecourt (éd.), *Dictionnaire d'histoire et philosophie des sciences* (1999), 4e rééd. Augmentée, PUF, « Quadrige », 2006.
D. Lecourt (éd.), *Dictionnaire de la pensée médicale* (2004), rééd. PUF, « Quadrige », 2004.

訳者略歴
沢崎壮宏（さわざき・たけひろ）
一九七一年生、京都大学大学院文学研究科博士課程（哲学専攻）認定退学（一九九九年）、カン大学DEA（二〇〇〇年）、文学博士号取得（二〇〇二年、京都大学）。現在は、大阪教育大学ほか非常勤講師。

竹中利彦（たけなか・としひこ）
一九七一年生、京都大学大学院文学研究科博士課程（哲学専攻）認定退学（二〇〇〇年）、ルーヴァン・カトリック大学DEA（二〇〇一年）、文学博士号取得（二〇〇三年、京都大学）。現在は、京都市立看護短期大学ほか非常勤講師。

三宅岳史（みやけ・たけし）
一九七二年生、京都大学大学院文学研究科博士課程（哲学専攻）認定退学（二〇〇四年）、文学博士号取得（二〇〇七年、京都大学）。現在は、香川大学アーツ・サイエンス研究院准教授。

カンギレム
生を問う哲学者の全貌

二〇一一年八月　五日印刷
二〇一一年八月二五日発行

訳者 © 沢崎壮宏
竹中利彦
三宅岳史
発行者 及川直志
印刷所 株式会社平河工業社
発行所 株式会社白水社
東京都千代田区神田小川町三の二四
電話 営業部〇三（三二九一）七八一一
編集部〇三（三二九一）七八二一
振替 〇〇一九〇―五―三三二二八
郵便番号一〇一―〇〇五二
http://www.hakusuisha.co.jp
乱丁・落丁本は、送料小社負担にてお取り替えいたします。

製本：平河工業社

ISBN978-4-560-50960-9
Printed in Japan

文庫クセジュ

哲学・心理学・宗教

文庫クセジュ

793 フランス宗教史
802 ミシェル・フーコー
807 ドイツ古典哲学
809 カトリック神学入門
835 セネカ
848 マニ教
851 芸術哲学入門
854 子どもの絵の心理学入門
862 ソフィスト列伝
866 透視術
874 コミュニケーションの美学
880 芸術療法入門
881 聖パウロ
891 科学哲学
892 新約聖書入門
900 サルトル
905 キリスト教シンボル事典
909 カトリシスムとは何か
910 宗教社会学入門
914 子どものコミュニケーション障害
927 スピノザ入門
931 フェティシズム
941 コーラン
944 哲学
954 性倒錯
956 西洋哲学史
958 笑い

文庫クセジュ

歴史・地理・民族（俗）学

62 ルネサンス
79 ナポレオン
133 十字軍
160 ラテン・アメリカ史
191 ルイ十四世
202 世界の農業地理
297 アフリカの民族と文化
309 パリ・コミューン
338 ロシア革命
351 ヨーロッパ文明史
382 海賊
412 アメリカの黒人
428 宗教戦争
491 アステカ文明
506 ヒトラーとナチズム
530 森林の歴史
536 アッチラとフン族
541 アメリカ合衆国の地理
566 ムッソリーニとファシズム
586 トルコ史
590 中世ヨーロッパの生活
597 ヒマラヤ
602 末期ローマ帝国
604 テンプル騎士団
610 インカ文明
615 ファシズム
636 メジチ家の世紀
648 マヤ文明
664 新しい地理学
665 イスパノアメリカの征服
669 新朝鮮事情
684 ガリカニスム
689 言語の地理学
709 ドレーフュス事件
713 古代エジプト
719 フランスの民族学
724 バルト三国
731 スペイン史
732 フランス革命史
735 バスク人
743 スペイン内戦
747 ルーマニア史
752 オランダ史
760 ヨーロッパの民族学
766 ジャンヌ・ダルクの実像
767 ローマの古代都市
769 中国の外交
781 カルタゴ
782 カンボジア
790 ベルギー史
810 闘牛への招待
812 ポエニ戦争
813 ヴェルサイユの歴史
814 ハンガリー
816 コルシカ島
819 戦時下のアルザス・ロレーヌ
825 ヴェネツィア史
826 東南アジア史
827 スロヴェニア

文庫クセジュ

828 クロアチア
831 クローヴィス
834 プランタジネット家の人びと
842 コモロ諸島
853 パリの歴史
856 インディヘニスモ
857 アルジェリア近現代史
858 ガンジーの実像
859 アレクサンドロス大王
861 多文化主義とは何か
864 百年戦争
865 ヴァイマル共和国
870 ビザンツ帝国史
871 ナポレオンの生涯
872 アウグストゥスの世紀
876 悪魔の文化史
877 中欧論
879 ジョージ王朝時代のイギリス
882 聖王ルイの世紀
883 皇帝ユスティニアヌス

885 古代ローマの日常生活
889 バビロン
890 チェチェン
896 カタルーニャの歴史と文化
897 お風呂の歴史
898 フランス領ポリネシア
902 ローマの起源
903 石油の歴史
904 カザフスタン
906 フランスの温泉リゾート
911 現代中央アジア
913 フランス中世史年表
915 クレオパトラ
918 ジプシー
922 朝鮮史
925 フランス・レジスタンス史
928 ヘレニズム文明
932 エトルリア人
935 カルタゴの歴史
937 ビザンツ文明

938 チベット
939 メロヴィング朝
942 アクシオン・フランセーズ
943 大聖堂
945 ハドリアヌス帝
948 ディオクレティアヌスと四帝統治
951 ナポレオン三世

文庫クセジュ

社会科学

357 売春の社会学
396 性関係の歴史
483 社会学の方法
616 中国人の生活
654 女性の権利
693 国際人道法
717 第三世界
740 フェミニズムの世界史
744 社会学の言語
746 労働法
786 ジャーナリストの倫理
787 象徴系の政治学
824 トクヴィル
837 福祉国家
845 ヨーロッパの超特急
847 エスニシティの社会学
887 ＮＧＯと人道支援活動
888 世界遺産
893 インターポール
894 フーリガンの社会学
899 拡大ヨーロッパ
907 死刑制度の歴史
917 教育の歴史
919 世界最大デジタル映像アーカイブ ＩＮＡ
926 テロリズム
933 ファッションの社会学
936 フランスにおける脱宗教性の歴史
940 大学の歴史
946 医療制度改革
957 ＤＮＡと犯罪捜査

文庫クセジュ

芸術・趣味

64 音楽の形式
88 音楽の歴史
158 世界演劇史
333 バロック芸術
336 フランス歌曲とドイツ歌曲
373 シェイクスピアとエリザベス朝演劇
377 花の歴史
448 和声の歴史
492 フランス古典劇
554 服飾の歴史—古代・中世篇—
589 イタリア音楽史
591 服飾の歴史—近世・近代篇—
662 愛書趣味
674 フーガ
682 香辛料の世界史
683 テニス
686 ワーグナーと《指環》四部作
699 バレエ入門
700 モーツァルトの宗教音楽
703 オーケストラ
728 書物の歴史
734 美学
748 フランス詩の歴史
750 スポーツの歴史
765 絵画の技法
771 建築の歴史
772 コメディ゠フランセーズ
785 バロックの精神
801 ワインの文化史
804 フランスのサッカー
808 おもちゃの歴史
811 グレゴリオ聖歌
820 フランス古典喜劇
821 美術史入門
836 中世の芸術
849 博物館学への招待
850 中世イタリア絵画
852 二十世紀の建築
860 洞窟探検入門
867 フランスの美術館・博物館
886 イタリア・オペラ
908 チェスへの招待
916 ラグビー
920 印象派
921 ガストロノミ
923 演劇の歴史
929 弦楽四重奏
947 100語でわかるワイン
952 イタリア・ルネサンス絵画
953 香水

文庫クセジュ

語学・文学